書卷山城

西閃 著

Mount into Books

目次

CHAPTER 2 第二輯

目次

推薦序

西閃視野寬廣，思考深刻，透過認眞細緻地一本一本閱讀當代的大小學術經典，引領我們去探究衆多關鍵的思想議題。正開始讀書問學的年輕人，可以從這裏入門；已經展開觀念之旅的讀者，則可以在此找到一位不懈不怠的對話者。

——**錢永祥**，學者，《思想》總編輯，台灣中央研究院人文社科中心研究員

自由因稀缺而珍貴。在《人的展開》中西閃從人類的天性與習性著手，幫助我們理解自由的眞義。

——**陳宜中**，學者，台灣中央研究院人文社科中心研究員

西閃書評，與別不同，它必須這樣子結集。一路讀下來，才知道一位民間學者不隨潮流，如此系統地用功讀書，如此寬闊地跨越學科界限，是爲了源根溯始地思考這麼重大的問題：人類是怎樣變成了「政治的動物」。從神經生物學到喬姆斯基，從行爲經濟學到施特勞斯，一路上眼花繚亂，然其旨歸一如，叫人眼界大開。

——**梁文道**，香港作家、學者、評論家

書卷山城

《書卷山城》小序

我出生在山城，一座依著長江的小城市。

一路曲折的江水流經此地，由南向北，復又轉向東去。

讀書那會兒，每天清晨，我都會拾級而上，從靠近江岸的家前往高處的中學。行到半路，盤旋向上的石梯有一方供人歇息的平臺，我常在那裏駐足。身後太陽升起，遠方晨曦初現，黛青的江面漸漸泛白，開始發亮，粼粼閃光。

那一刻，往往有早班的客輪繞出對岸的翠屏山，響起渾厚悠長的汽笛。我眺望青山遮擋的上游，又回望樹木房屋掩映的下游，心平氣和。

彼時的情景，迄今仍是我最愛沉浸的回憶。

山城回不去了。三峽大壩高聳，蓄水一七五米。半個山城，連帶我的家，我爺爺奶奶的家，都沉入水底。只是夢裏有時候，我依舊是那安靜的少年，站在臺階上，面向江水，聽汽笛長鳴。

或因移情效應，我視讀書和寫作爲恢復。通過讀寫，恢復記憶，重返家園。書

《書卷山城》小序

城就是山城，書卷就是浪卷。

在這本小書裏，你將讀不到我的城，但它處處都在。

是爲序。

西閃

二〇一五年十一月十九日　廣州

第一輯

INDUCTOR ENERGY (energ
VCO 1 0 DC 90
L 1 2 200MH IC=0
S 2 0 5 0 SMOD
D 2 3 DMOD
R 3 1 20
VCONTROL 5 0 PULSE(-10

01

布港往事

安德烈・科斯托蘭尼

一九〇六年，「股神」安德烈・科斯托蘭尼（Andre Kostolany）出生於匈牙利。早年的科斯托蘭尼心向藝術與哲學，可是當他十多歲時第一次接觸到股票時，他就立志要成爲一名偉大的投機家。

一九二九年，周旋於德法兩國證券市場的科斯托蘭尼在經濟大蕭條中獲利無數。三十歲出頭，他就已經賺足了一生的財富，並獲得了今日巴菲特（Warren Buffett）一樣的聲望。不過，這一輝煌並沒有抹掉內心的恐懼，因爲他沒有忘記，自己始終是一個猶太人。

在巴黎科斯托蘭尼結識了一個聰明而和善的記者，名叫佩克瑞。這位朋友的哥哥是銀行家，曾經做過法國政府的部長，因而常給科斯托蘭尼帶來政壇上的一些小道消息。科斯托蘭尼則回饋朋友以不少股票方面的技巧和建議。總之，兩個人合作得很愉快。可是，他們在一個重大事件的判斷上老是存在巨大的分歧，那就是戰爭會不會觸發。佩克瑞堅持認爲，德國不會入侵波蘭，更不可能和法國開戰。相反，科斯托拉尼認爲佩克瑞的樂觀簡直無可救藥，他對和平可沒什麼信心。

一九三九年八月二十三日，蘇德簽署《互不侵犯條約》，這讓科斯托蘭尼意識到戰爭已不可避免。他不得不中止自己熱愛的股票投機，提走銀行大部分的存款，將其轉移到美國。在這點上，他遵從父親早年給他的忠告：「有的人說話聰明，行爲愚蠢；還有人說話愚蠢，行爲聰明。」他情願自己是後一種人。

然而事情的進展並不符合任何人構想的劇本。一九三九年九月一日，德國對波蘭發動閃電戰，第二次世界大戰爆發。九月三日，英法對德宣戰。但是，希特勒在突襲波蘭的同時，卻命令西線的德軍堅守陣地，不得挑釁英法聯軍。英法兩國也沒有踐行「如果德國入侵波蘭，聯軍將直搗魯爾谷地」的諾言，反而在自我營造的和平幻覺中裹足不前。結果，從九月一日戰爭爆發到第二年的五月十日，德國與英法都沒有發生正面衝突。這段虛假的和平期被當時的報紙稱爲「假戰」（Phony War）。

在這個時期，科斯托蘭尼沒有掙到錢。相反，包括佩克瑞在內，他周圍的人們都撈到了好處。因爲在形勢轉好的樂觀期許下，股市一連飆升了六個月。

有一天，佩克瑞興沖沖地來到巴黎證交所，把科斯托蘭尼拉到僻靜處，既興奮又神秘地說：「好朋友，告訴我，現在我該買進什麼，我想立刻賺上一大筆。」

科斯托蘭尼也很激動，他問道：「是不是希特勒死啦？」朋友回答說：「不，正好相反。德國人離巴黎只有三十公里了，兩天內他們就能抵達。戰爭要結束了！股票一定大漲！告訴我，這時候我該買什麼股票？」

科斯托蘭尼覺得有人用大錘猛擊了自己的腦袋，一陣眩暈。他看見交易所裏的人們一如既往地跑來跑去，聽見朋友急切地追問著生財之道，感到自己的心臟一陣陣痙攣，連一句話都說不出來。他向朋友擺了擺手，飛快地跑出證交所大樓，攔下一輛計程車，迅速趕回家中。他簡單地收拾好行李，懷著美好永逝的心情，搭上最近一班列車離開了巴黎。他一路向南向西而去，經由西班牙小鎮布港（Portbou），穿越庇里牛斯山脈，最後到葡萄牙里斯本乘船逃往美國。

他那樂觀的記者朋友佩克瑞卻不走運。當科斯托蘭尼重返戰後法國時他才得知，他逃離之後，佩克瑞仍到證交所裏四處找他，希望他能指點迷津，一直到納粹關閉股市為止。戰爭結束，佩克瑞因通敵判國罪判了十年監禁，至今還待在牢裏。

在自傳中，九十三歲的科斯托蘭尼回想起自己的那一次逃亡。鑒於不少猶太朋友慘死在奧斯威辛的經歷，他總結說，當年他立刻逃離法國的決定乃是一生中做得最好的一筆投資。

華特・班雅明

布港，西班牙加泰羅尼亞自治區的邊境小鎮，位於庇里牛斯山東端，靠近地中海。由於兩國鐵路軌距不同，法國標準軌距列車的終點站就是布港。在這裏，乘客們必須換乘伊比利亞軌距的西班牙列車才能繼續前行。因此，布港不僅是邊境的關卡，同時也是中轉站和終點站。

西班牙內戰（一九三六－一九三九）期間，人口不過千餘人的布港小鎮卻是共和軍和人民陣線聯盟對抗法西斯主義的重要據點。大量國際援助經由布港深入西班牙腹地，不少國際縱隊的著名戰士海明威、卡繆、聶魯達、喬治・奧威爾等等，他們的名字也與這裏密切相關。

一九四〇年九月二十五日，作家華特・班雅明（Walter Benjamin）滯留在那裏。深夜十點，他在「法蘭西旅舍」的客房裏吞下了二十五片嗎啡。很快，他感到頭暈目眩，右腹陣陣絞痛，冷汗也隨之下來。微風拂過，全身寒戰。漸漸地，他感到胸口憋悶，喘不過氣來，只得栽倒在床上，輾轉於清醒與昏睡之間。

第二天清晨七點，一同逃難的旅伴前來叩門。恍惚中，班雅明請她喚來了赫妮・格蘭特（Henny Gurland）。赫妮是他在馬賽結識的旅伴，從出發至此，他們一直在一起。他交給赫妮一封寫給她以及朋友阿多諾（T. W. Adorno）的信，旋即失去了知覺。

警察和官員拒絕了將班雅明送到附近城市醫院去搶救的請求。無助的赫妮只好和小鎭的神父跪在床前祈禱，直到布港的醫生宣佈，班雅明死於「腦中風」。正式的死亡證明書上，死亡日期是一九四〇年九月二十七日。

三天前，也就是九月二十四日，希特勒與貝當元帥談判，法國未佔領區的猶太人突然才意識到，他們隨時都有遣送回德的危險。緊要關頭，向來被朋友們認爲厄運纏身的班雅明卻似乎交上了好運。雖然急於討好納粹的維希政府拒絕給德國難民簽署出境簽證，但是班雅明順利地拿到了美國領事館的赴美許可，還拿到了西班牙領事館的過境簽證。這樣他就可以持著這些證件，經由西班牙去葡萄牙首都里斯本，從那裏乘船逃往美國。

然而事實證明，厄運從未離開過他，只是跟他玩了一個先予後奪的殘酷把戲。九月二十四日，西班牙政府忽然改變了邊境政策。等到二十五日班雅明一行翻山越嶺來到布港，邊境官員以沒有維希政府的出境簽證爲由，拒絕他們入境。更加殘酷的是，當班雅明被解送回集中營的恐懼徹底擊垮，他的死亡卻幫助同伴們翌日得以獲准通關——當然，金錢的賄賂也起了作用。

山地土著巴斯克人（Basque）將庇里利牛斯山稱為「生死之間的界線」。走了大半段山路，班雅明沒有完成生死線的跨越。布港沒有成為他的中轉站，而成了他的終點站。

把班雅明護送到布港的，是科斯托蘭尼的匈牙利同胞，名叫麗薩・菲特寇（Lisa Fittko）。她曾經是一個比猶太人還遭歧視的吉普賽女人，飄泊於布達佩斯、布拉格、柏林等地。不過當她在巴黎定居下來時，朋友們都把她看成一個充滿活力的、甚至有些神秘力量的波希米亞女郎。

一九四〇年六月十四日，班雅明搭乘最後一班離開巴黎的列車逃往邊境城市盧德（Lourdes）。八月十七日，他在那裏獲得了過境西班牙前往美國的簽證，於是立刻動身前往馬賽。然而維希政府推出了新政策，只有那些取得當局頒發的出境簽證的人才能離開。顯然，大多數猶太人均不在此列。無奈之下，班雅明把自己裝扮成一名法國水手，跟隨弗蘭克爾（Fritz Frankl）博士登上一艘貨輪，企圖蒙混出境。結果，一頭白髮，還有蒼白憔悴的臉出賣了他，他們被人趕下了船。

於是班雅明決定效法作家亨利希・曼（Heinrich Mann）、福伊希特萬格（Lion Feuchtwanger）等人，徒步翻越庇里牛斯山。然而當他準備這樣去做時，從法國邊境小城塞貝爾（Cerbere）到布港的最近路線已經被封鎖，邊境巡查非常嚴。憑一己之力，他根本難以動彈。困境中，班雅明想到了麗薩・菲特寇。

麗薩・菲特寇

英法對德宣戰之後，也就是「假戰」時期，法國政府將十七歲至五十歲的所有德國和奧地利的男性僑民送進了集中營，班雅明就在其中。直到十一月，在朋友的幫助下，他才從維努什（Vernuche）集中營脫身。在營中，他結識了漢斯・菲特寇（Hans Fittko）。漢斯告訴他，如果想逃離法國，可以去馬賽找他的妻子麗薩幫忙。

班雅明逃出巴黎時，麗薩還關在另一座集中營中。一九四〇年五月，比利時淪陷後，出於報復，法國政府新建了一百座關押德奧僑民的集中營。這一次，不僅是男人，所有獨身或無子女的已婚女人也不放過。麗薩被關進庇里牛斯山山腳下的居爾（Gurs）集中營。集中營距離西班牙邊境只有三十公里，是法國當時最大的拘押所。它始建於一九三九年，最初用來囚禁因西班牙內戰失利而流亡到法國的國際縱隊戰士。一九四〇年改建成專門關押女性的集中營，最多能夠容納二萬人。

六月十四日，德軍佔領巴黎，並繼續揮師南下。消息傳到居爾集中營，囚犯極度恐慌，看守也張惶失措。在混亂中，麗薩和一些人策畫了一場大逃亡。她們偷到一疊獲准離營的登記表，模仿集中營長官的筆跡簽署了放行令。憑著這些證明，大約二百名女性沒有受到任何阻攔脫逃了囚禁。幾天後，居爾集中營經過整肅恢復了秩序，留在那裏的囚徒們再也沒有逃生的機會。一九四二年，她們被運往了奧斯威辛。

經過四處打聽，班雅明在旺德爾港（Port Vendres）找到了麗薩。弄清來者是丈夫的朋友，麗薩答應了班雅明的請求，決定帶他穿越庇里牛斯山的一條隱秘小徑，迂回至布港。從居爾集中營逃出來後，麗薩一直藏身於巴爾紐斯（Banyuls）的一個小村子。在那裏她聽人說起過山中的秘密通道。那是一條走私者探索出來的小路，據說西班牙內戰時期一位共和軍的將領曾經帶著隊伍走過。麗薩從未走過這條路，但是她願意帶著班雅明去冒這個險。

九月二十五日清晨，麗薩、班雅明，還有格蘭特母子等人穿過山麓上的葡萄園，向庇里牛斯山深處邁進。園中的巴爾紐斯葡萄已經熟透，色深而味甜。午後，他們在山中迷了路，只得折返往回，無意間走上了山巔。後來麗薩在回憶錄《穿越庇里牛斯山》中這樣寫道：「從頂峰望出去景色如此奇妙。有那麼一刹那，我以爲看到了幻境。霞光中的海岸呈現出一片鮮豔的秋色，帶著層次無數的紅與黃，與蔚藍的大海相輝映。我不由地深吸一口空氣，在此之前，我從未見過如此美景。」

班雅明可能沒有心情欣賞美景。麗薩記得，他帶著一個沉重的黑色手提包，因心肌炎的緣故氣喘吁吁。一旦坐下來休息，「他沒有抱怨，甚至沒有歎息，只是時不時斜瞄著黑色手提包的方向。」那裏面裝著他視爲生命的重要手稿。

麗薩提醒班雅明不要喝路邊水窪裏的水，那水看起來又黏又綠，可能會讓人染上傷寒。班雅明禮貌地回答：「好的。不過您也看到了，即使不喝，我也可能在跨越邊境後死於傷寒……不過，我道歉。」後來他的摯友肖勒姆將這種禮貌稱爲「中國式禮節」。

二十五日黃昏，當布港的教堂尖頂出現在他們的眼前，麗薩讓班雅明等人下坡進城，自己又一個人翻越山嶺，回到法國境內。不久，她得到了班雅明自殺的消息。

三十年後，朋友們回憶起布港往事仍然深感惋惜。談到班雅明，一個老友說：「我從來沒有意識到，一個人生命中的思想和行動的衝突會如此悲劇化。」然而，麗薩對這一評論有所保留。當一位採訪者就班雅明之死問麗薩：「人們總會有下意識的條件反射吧？」麗薩的回答是：「他不會。我認爲，只有在發表一通關於佔有的理論之後，他才可能握住一隻熱茶杯。」

范利安・弗萊

也許有些嚴厲，然而麗薩的批評是正當的。是她冒著生命危險，將班雅明帶到了自由的邊境，死亡決不是回報。之後，麗薩和丈夫漢斯加入了美國記者范利安・弗萊（Varian Fry）領導的「緊急營救委員會」，參與到護送猶太人過境的秘密工作中。每天日出之前，漢斯戴上巴斯克帽，穿著巴斯克涼鞋，裝扮成當地農民的模樣，把逃亡者混進民工的隊伍裏帶過關卡。而麗薩則一次又一次踏上庇里牛斯山的小路，將他們護送到布港。任何一次微小的疏忽，或者走漏一絲風聲，夫婦倆就可能被蓋世太保抓獲，甚至命喪當場。在日記中麗薩寫到：「眞的，他（漢斯）再也不像從前那樣在夢中說大段大段的夢話了。」她更是終生難忘，每天完成了護送任務，他倆坐在面向大海的懸崖上，一待就是幾個小時，用山風海浪撫平內心的緊張。

緊急營救委員會幫助四千猶太人逃出了納粹的魔爪，其中約二百多名猶太文化菁英。包括畫家夏卡爾（Marc chagall）、杜象（Marcel Duchamp），作家安德烈．布勒東（Andre Breton），人類學家李維．史陀（Claude Lévi-Strauss），諾貝爾生化學家奧托．邁爾霍夫（Otto Fritz Meyerhof）等等。經由麗薩和漢斯開闢的秘密通道出境的人不少於五百人。今天，他們的冒險之路被當地人命名爲「F-Route」，意思是菲特寇之路。

沒有麗薩．菲特寇，很可能就沒有後來的政治哲學家漢娜．阿倫特（Hannah Arendt）。在居爾集中營，麗薩等人策動大逃亡時，沒有忘記帶走布呂歇爾(Heinrich Blücher)的新婚妻子漢娜。她能夠逃往美國，也因爲菲特寇夫婦以及弗萊的幫助。居爾集中營的情形特別糟糕，以至於阿倫特多年後對人承認，她在那裏平生惟一一次想自殺。不過很快，她就將其視爲極端無能，乃至可笑的念頭。從此，她看清楚了一點：不能把別人加諸的不幸都當作個人的厄運。用她的話講：「把全部不幸看作是個人的厄運並且相應地採取私人的方式結束自己生命的那個人必定也是用病態的方式對集體的出路漠不關心的反社會的人。」不知道她說這番話時，心中是不是想到了她的摯友班雅明。

緊急營救委員會只運轉了一年零一個月，就救出了約四千猶太人，這首先要歸功於創辦人，三十二歲的范利安・弗萊。一九三五年，身爲一家美國報紙的駐德記者，弗萊在柏林親眼目睹了希特勒及納粹的崛起。一九四〇年法國淪陷時，弗萊在美國家中舉行了一場募捐餐會，爲德國社會民主黨和工會領袖募集逃難費用。餐會上有人提出，不只是左派人士，不少流亡的猶太文化菁英也急需援手。經過熱烈的討論，會上立即成立了緊急營救委員會（ERC），任務就是幫助那些滯留在法國的菁英逃生。

一九四〇年八月，弗萊帶著一張二百餘人的營救名單和三千美元募款到了馬賽，開始了援救工作。他找到了名單中的大部分人，給他們代辦簽證，僞造證明，制訂出逃路線，安排過境護送等等。在完成原定任務的同時，弗萊幾乎從不拒絕其他猶太人的求助，一如既往地幫助他們逃亡。一九四一年九月，他被美國國務院和維希政府視爲共同的外交麻煩，被驅逐回美國。

在被人們遺忘了差不多半個世紀後，弗萊的名字重新被人提及。二〇〇一年，他拯救猶太人的故事被搬上了大銀幕，片名叫作《范利安的戰爭》（Varian's War）。

阿爾伯特・赫希曼

一開始，弗萊就不是一個人在戰鬥。麗薩、漢斯，還有蒂娜（Dina Vierny）等人都爲他工作。不過，對於弗萊來說，最重要的助手還不是他們，而是一個綽號「發亮」的年輕人。

「發亮」是主動找上門的，也是弗萊的第一個助手。雖然只有二十五歲，但是年輕人卻有著豐富的閱歷。他出生於柏林的一個猶太中產家庭，爲躲避迫害逃到法國。一九三五年，他獲得倫敦政治經濟學院的獎學金，赴英國留學。一九三六年七月，西班牙內戰爆發，二十一歲的「發亮」加入共和軍，成爲一名年輕的戰士。一九三八年，他在義大利拿到經濟學博士學位。第二年回到法國，以志願軍身份參加陸軍，抵抗德國入侵。

在弗萊眼中，「發亮」簡直神通廣大。他在回憶錄《無條件引渡》（Surrender on Demand）中寫到，「發亮」非常聰明，天性善良，個性令人愉悅，還是一個「非法活動的專家」。當他們給逃亡者使用的捷克護照失效時，「發亮」很快開發出另一個僞造證件的地下管道；當他們的經費徹底耗盡時，「發亮」又飛快地搭起了美元私匯馬賽的秘密管道；當逃亡者無法乘坐火車離境時，他悄悄建立了偷渡網路，以及沿途的接待地點。他幫阿倫特夫婦獲得非法的離境簽證，還指導很多人踏上麗薩夫婦的菲特寇之路。

當然很快，「發亮」就成爲納粹搜捕的重點對象。一九四〇年十二月，「發亮」被迫離開弗萊，徒步翻越庇里牛斯山，經由西班牙、葡萄牙，最終於次年元月抵達美國紐約。

弗萊在書中寫道：「自從他離開之後，我尤其感到寂寞。我突然發覺我多麼依賴他。不僅依賴他解決最棘手的問題，也依賴他的陪伴。在法國，只有他一個人眞正知道我在做什麼，我爲什麼這麼做。自從他離開以後，我就完全孤獨了。我感到前所未有的寂寞。」那時候他並不知道，一九四一年「發亮」在加州大學柏克萊分校做了研究員，一九四三年重返歐洲戰場。這一次，他是以美軍士兵的身份，從北非進軍義大利。

一九四六年，三十一歲的「發亮」剛剛退伍，就以聯邦儲備委員會（the Federal Reserve Board）經濟學家的身份參與了「馬歇爾計畫」（The Marshall Plan），爲歐洲重建工作至一九五二年。只不過，彼時再沒有人叫他的法國綽號，而是尊敬地稱他爲「赫希曼博士」，因爲他的眞實姓名叫阿爾伯特・赫希曼（Albert Otto Hirschman）。一九五二年，哥倫比亞延請赫希曼擔任了國家規畫委員會的財政顧問，爲國家政策出謀獻計。兩年後，「發亮」自己在波哥大開設了一家私人顧問公司，繼續爲該國的經濟發展提供幫助。

一九五六年至一九五七年，耶魯大學聘請赫希曼擔任了歐文・費雪（Irving Fisher）講座教授。正是基於哥倫比亞的那段寶貴的實踐經驗，他出版了他的經典著作《經濟發展戰略》（The Strategy of Economic Development）。在書中他不僅首次將「發展戰略」運用於經濟諸領域，還為發展經濟學奠定了「不平衡增長」的理論基礎。上世紀八〇年代，這本著述被譯介到大陸，對中國的經濟改革發揮了不可小覷的作用。一九五八年至一九六四年，赫希曼在哥倫比亞大學教授國家經濟關係，接下來在哈佛大學教授政治經濟學長達十年。一九七四年，他轉任普林斯頓大學高等研究院社會科學教授，直到一九八五年榮退。今天，他被人視為當代最偉大的知識份子之一，最有洞察力、想像力和原創性的社會科學家。

見證

班雅明自殺後不久，漢娜・阿倫特在弗萊等人的幫助下也踏上了逃亡之路。駐足布港之時，阿倫特特意去墓園尋找摯友的葬身之地，卻一無所獲。原來在死亡證明上，華特・班雅明被誤寫成了「班雅明・華特」。

在那些艱難的歲月中，很多人被命運徹底摧毀了。像班雅明那樣，在思想與行動的劇烈衝突中錯失良機的大有人在。當年弗萊就寫到，一些逃亡者事實上已經精神失常。即使他爲他們搞到了旅費和證件，他們卻因爲恐懼無法繼續逃亡。「他們對於停留表示著極度的不安」，弗萊說，「又對離去表示出恐懼。你把他們的護照和簽證都給準備好了，可一個月後，你還是能在馬賽的咖啡館裏看到他們。他們呆呆地坐在那裏，等著警察過來把他們抓走。」

但是，還有不少人在行動中把握住了自己的命運。他們像麗薩、阿倫特、弗萊、赫希曼和科斯托蘭尼那樣，穿過布港那樣的命運窄門，翻越了庇里牛斯山一般的生死線。

班雅明曾經說：「是死亡賦予了講故事者以權威性。」很可能他錯了。賦予講故事者以權威的，是面對恐懼迸發出的勇氣，是意識與行爲的高度統一——布港見證。

02

冰湖上的騎士

一九三五年冬天的一個黃昏，一個中年男子乘船渡過英吉利海峽，從倫敦港踏上了大不列顛的土地。寒風中，他跟隨著人潮沉默前行，去往流亡猶太人基金會。無人能體味他當時的感受，甚至包括未來的自己。不過有件事今天看來可以肯定，這個人前半生的記憶將長久封存在海峽的另一邊——沒有人會對一個普通猶太難民的經歷感興趣，他也無暇沉湎過去。他得去找點兒資助，還要學一些口語，才可能應對現實的窘境。

幾番周折，在朋友的幫助下，中年人以學者的身份從基金會拿到了一小筆獎學金。在證明文件裏他寫道：諾貝特・埃利亞斯（Nobert Elias），生於一八九七年六月二十二日。哲學博士，社會學家。除此之外，再無文字。

封存個人的記憶，然後轉身離去，對於三十八歲的埃利亞斯來說，不是第一回了。一九一五年，剛滿十八歲的埃利亞斯投身一戰，就不得不將一段安寧祥和的記憶埋進心裏。他出生在德國東部的布雷斯勞（Breslau，今波蘭城市弗羅茨瓦夫），父母都是猶太人。身爲紡織業廠主的獨生子，埃利亞斯有一個幾近完美的童年。玩具、保姆、家庭教師、網球、海濱度假，上層中產階級應有的享受，他都擁有。雖說猶太人的擇業仍有傳統上的限制，例如不能擔任官員，不能晉升某些教職等等，彼時的德國尚聞不到濃烈的排猶氣息。在父母的安排下，埃利亞斯打算從醫，那是猶太人最理想的職業之一。可是待他從著名的約翰尼斯文法中學畢業，即將邁入布雷斯勞大學校門之際，第一次世界大戰爆發了。第二年，埃利亞斯先在東線作戰，後來調到西線戰場。年輕的通訊兵背著笨重的電報機，肩扛大卷的電線，和部隊一起向法國北部的佩羅納（Peronne）挺進。密集的炮火撕開夜色，隨處可見戰馬和士兵的屍體。一場戰鬥下來，遠方還有隆隆的炮聲，身邊的戰友已吹響口琴，唱起思鄉的歌謠。

「那個場景我記得清清楚楚，」和一位訪客談起這段往事，埃利亞斯情緒激動。同時，他一再承認自己理解不了，「從家庭提供的徹底的安全感轉向軍隊提供的徹底的不安全感」，他是怎麼熬過那段日子的。因爲，當他嘗試去回憶去理解的時候，往事已經塵封七十年。絕大多數記憶在時光中磨損、阻隔、變形，化爲齏粉，就算重新喚起，往往也會顯得不可思議。

被埃利亞斯封存的關鍵記憶實在太多了。比如他極少向人提及，德國在一戰中的失敗如何影響了他的學業和志趣。戰爭的硝煙散去，並不意味著和平的到來。左右兩派的極端勢力都企圖用暴力推翻羸弱的威瑪共和國，建立他們心目中的秩序。

失業的軍官和士兵組成了暗殺團，刺殺政治人物，製造恐怖氣氛。高昂的戰爭賠款導致惡性的通貨膨脹，榨乾了無數德國家庭的財產。遲遲沒有拿到哲學博士學位的埃利亞斯只得選擇輟學打工維持生計。他做過五金材料廠的行銷經理，還短暫客串過報紙的新聞記者，辛苦了整整兩年，才幫助陷入財務危機的父母渡過難關。

正是因爲親身經歷了一戰的殘酷以及戰後的失序，埃利亞斯的心中才浮現出一個重大的問題：暴力與秩序究竟有什麼關係？然而當他帶著這一疑問走上學術之路，卻遭遇了更具體的困惑。

讀大學的時候，埃利亞斯原本同時攻讀醫學和哲學，還取得了初級醫學學位和實習醫生資格。結果臨床實習期間他才發現，自己不可能兼顧兩個專業。爲了更好的理解世界，他放棄醫學專志於哲學。可是長期的醫學訓練卻不斷地提醒他，哲學傳統中的「人」與生理學意義上的「人」很不一致。理性、精神、意志、心靈，哲學家討論的這些東西，在肌肉、骨骼、神經和大腦中能找到對應的結構嗎？或者，西方哲學傳統中抽象出來的「人」根本不存在？這些困惑不僅驅使著埃利亞斯的腳步偏離了既定的學術坦途，還令他和導師之間產生了不小的衝突。他的博士導師洪尼希斯瓦德（R. Honigswald）是著名的新康德主義哲學家，對學生的離經叛道大爲不滿。壓力之下，埃利亞斯不得不在博士論文中做了大量的修改和刪節。即便如此，本該於一九二二年拿到的博士學位拖到兩年後才取得。

師生之間的這場衝突，在埃利亞斯的學術道路上投下了第一道難以抹去的黯淡陰影。表面上看，它只是稍微延誤了一個學者的治學進程，事實上卻造成埃利亞斯錯過了一個個關鍵的時間節點。首先，他很難獲得「特許任教資格」。因爲要獲得這個資格，他得寫一篇比博士論文更高水準的東西，交由學術委員會答辯並通過。顯然，在洪尼希斯瓦德的影響範圍內，前景渺茫。可是沒有這個任教資格，他就不可能擁有「編外講師」這個身份。而沒有這一身份，他就休想獲得大學的聘任。也就是說，至少在當地，埃利亞斯失去了學術研究和傳道授業的機會。

另一方面，埃利亞斯從這場衝突中看到了哲學的無能。特別是對新康德主義這一類剝離了歷史維度的先驗哲學，他產生了生理上的厭惡。他決定將布雷斯勞的大學記憶封存起來，告別家鄉，告別哲學，前往海德堡（Heidelberg）學習新專業——社會學。自此以後，終其一生，埃利亞斯都用「哲學的」（philosophical）這個單詞評價他認爲最負面的學術作品。

懷著重獲新生的興奮，一九二四年秋天埃利亞斯來到了海德堡。很快他發覺，這裏的現實同樣殘酷。大學時期他曾經參加過哲學家卡爾・雅斯貝爾斯（Karl Jaspers）的研討班，對海德堡大學的學術氛圍十分嚮往。時過境遷，社會學的主要創始人馬克斯・韋伯（Max Weber）已經去世，他的弟弟阿爾弗雷德（Alfred Weber）像宗族繼承者那樣統治著整個學術領域。韋伯兄弟把同事和學生團結在一起，構成了一個旁人很難涉足的譜系。像埃利亞斯這類毫無根基的嚮往者，只能尷尬地出現在各種研討會的後排，拼命地做筆記。偶爾，他也有機會和滕尼斯（Ferdinand Tonnies）、桑巴特（Werner Sombart）這些古典社會學的大家交談幾句。不過很難想像，那些人會記得他。

在那段日子裏，埃利亞斯不得不靠給留學生補習德語賺取生活費。後來，他終於成爲海德堡大學的正式學生，阿爾弗雷德・韋伯的博士候選人。但是，鑒於嚴格的進階順序，以及猶太人的微妙身份，他在學術上的前途可謂遙遙無期。

他最大的收穫可能是結識了卡爾・曼海姆（Karl Mannheim），一位來自匈牙利的猶太學者。此人僅比埃利亞斯大三歲，卻已經是衆人矚目的學術新星。正是在他的引薦下，埃利亞斯才得以出入韋伯遺孀舉辦的學術沙龍，並且鼓起勇氣在陽台上宣讀自己的第一篇社會學論文。然而在一九二八年德國社會學協會的會議上，曼海姆與韋伯長期的競爭公開化了。這場學術衝突再一次改變了埃利亞斯的命運——在師生關係與朋友情誼之間，他選擇了後者。翌年，曼海姆受聘爲法蘭克福大學社會學教授，埃利亞斯以學術助手的身份追隨而去。曼海姆承諾，只要做三年助教，就幫助他取得特許任教資格。

再一次，埃利亞斯將過去封存，按照重新擬定的計畫，展開新的學術探索。在法蘭克福，他不僅拿到了學術生涯中第一份正式的薪水，並且順利地在三年內完成了題爲《宮廷社會》的任教資格論文。一切都表明，法蘭克福的日子遠比海德堡好過。可是，一九三三年的年初，就在埃利亞斯完成論文的時候，希特勒和納粹奪權了。曼海姆兌現了承諾，在指導了論文答辯後，旋即被校方革去了教席，匆匆流亡英倫。而那篇《宮廷社會》的列印稿，就像埃利亞斯的記憶一樣被封存起來，三十六年後才重見天日。

在法蘭克福逗留期間，埃利亞斯再度體驗到暴力與秩序的錯綜關係。他戴上圓獵帽，架著單片眼鏡，裝成貴族的樣子混跡人群，去親眼目睹希特勒的煽動能力。不久，一個黨衛軍中校開著敞篷吉普車衝進學校，咆哮著逼他交出社會學系的鑰匙。埃利亞斯的結論是，所謂的理性根本壓制不住暴力。在特定條件下，暴力甚至會利用理性，把自己組織得有條不紊。

一九三三年底，埃利亞斯懷揣父母傾盡所有的錢財逃到法國。他與法蘭克福認識的一個雕刻家和一個作家建起了一家小型的木製玩具廠。就像在布雷斯勞幹過的那樣，他又一次扮演行銷經理的角色，奔走在巴黎大大小小的賣場。不到九個月，小廠就倒閉了，埃利亞斯陷入赤貧。數十年後他回憶道，雖然半生困頓，但惟有巴黎，讓他眞眞切切嘗到了餓肚子的滋味。

兩年之後，希特勒撕毀凡爾賽和約，實行義務兵役法，開始擴充軍備。同時納粹德國還通過了紐倫堡法案，剝奪了猶太人的國民權利。在這種情況下，埃利亞斯接受一個移居劍橋的老朋友的建議，前往英國尋求庇護。於是一九三五年底，他登上了橫渡英吉利海峽的客船。

在納粹崛起的大背景下，像埃利亞斯那樣流亡英國的猶太學者很多。那個時期，自然科學工作者尙好，人文社科類的學者很難找到工作，更別提教職了。比如早年成名的曼海姆就不得不屈就英國經濟學院，做一名普通教師。在科學家圈子裏頗有聲譽的哲學家卡爾．波普爾（Karl Popper）在英國待了九個月，最終只好遠赴南太平洋，到紐西蘭去任講師。相形之下，埃利亞斯沒有著作，少見文章，惟一像樣的論文還躺在法蘭克福大學資料室，其前景不言而喻。所以，流亡猶太人基金會的一小份獎學金，如同雪夜中的炭火，激起了他極大的生活熱忱。

他像一個返鄉的旅客，迅速地放下記憶的負累，一頭栽進大英博物館的圖書室裏。僅僅用了大半年的時間，埃利亞斯就完成了這個三年的研究計畫，寫出了厚達八百餘頁的《文明的進程》。當然不難想像，這部被後人譽爲煌煌巨著的作品在當時沒有什麼與公衆見面的機會。直到一九三八年，在父親的資助下，出版才略有可能。

那一年，年適花甲的父母歷盡艱辛，從布雷斯勞趕到倫敦來看望愛子。埃利亞斯勸父母留在英國，但是他們不肯。父親說親戚朋友全在家鄉，不忍離棄。再說自己一生奉公守法，納粹其奈我何？他們執意返回布雷斯勞，還幫《文明的進程》找到了出版商。

可是印刷工序做了一半，那個猶太裔的出版商就逃離了德國。埃利亞斯的父親只好把半成品偷偷運到瑞士，在那裏裝訂成冊。一九三九年底，埃利亞斯收到父母的消息，說《文明的進程》在瑞士以獵鷹出版社的名義出版了。沒過多久，一九四〇年初，他收到母親的信，說父親已經去世。再後來，家鄉的音訊全無。一九四一年，他又收到母親的一封信，也是最後一封。那封信是通過紅十字會轉寄的，發自前往猶太人集中營的中轉地。但是埃利亞斯不知道，當他收到信的時候，母親已經死在了奧斯維辛。

《文明的進程》出版給埃利亞斯的命運帶來了一線轉機，然而戰爭立刻將其抹殺了。在曼海姆的幫助下，倫敦經濟學院打算聘請埃利亞斯做高級研究員。不料納粹德國對英國發起了大規模空襲，學院被迫從倫敦遷往劍橋，聘任也就不了了之。不僅如此，按照當時的政策，埃利亞斯埃像大多數敵對國的「可疑分子」那樣，受到英國政府的嚴密看管。一九四〇年，他先是被關押在利物浦附近的海頓敵僑營，後來又被轉至馬恩島。

人類學家埃里克．沃爾夫（Eric Wolf）當時只是一個猶太少年，也在關押之列。後來在回憶敵僑營的經歷時，他還記得那個叫「埃利亞斯」的教授，在英國特有的陰雨之中，於滿地泥濘的軍用帳篷之下，「在一塊充當黑板的髒兮兮的紙板上圈圈畫畫，講什麼一個人怎樣來到人世間，不是作爲素樸孤立的個體，而是作爲一個社會網路上的節點。」沃爾夫說，埃利亞斯的這個想法看似簡單，卻改變了他思考社會現象的方式。

如果說《文明的進程》在剛出版時還有些許反響，那麼數年的戰爭也將其徹底清除了。諾貝爾文學獎獲得者湯瑪斯・曼（Thomas Mann）讀過此書，對它頗有讚賞，如今他流亡美國，無暇他顧。美國著名歷史學家比爾德（Charles A. Beard）很早也閱讀過此書，並深受其影響，但是《文明的進程》一直沒有英文版，妨礙了它的傳播。還有兩位著名的荷蘭評論家，曾對《文明的進程》擊節歎賞，可是他們在德國入侵荷蘭時相繼自殺了。就這樣，《文明的進程》也像埃利亞斯的大多數經歷，埋入記憶的深處。

二戰結束後，生存的壓力並沒有減輕多少。英國的街頭擠滿了難民，各個大學的門口等候著更多的求職者。爲了生計，埃利亞斯只得去社區學校或訓練中心碰碰運氣。他幫情報機構甄別過德國戰俘裏的納粹分子，在工黨附設的成人教育中心做過輔導老師，講過一些社會學的課。同時，斷斷續續的，他在倫敦大學兼職，教些成人教育的內容。他還做過群體治療的精神分析師，爲戰爭心理創傷的患者提供幫助。這種沒有穩定職業沒有固定收入的日子，他一過就是十年。直到一九五四年，五十七歲的埃利亞斯才得到人生中第一個正式的學術職位：萊斯特大學的社會學講師。

在規模不大，聲名不彰的萊斯特大學，埃利亞斯和另一位猶太裔學者一起，用了數年時間把社會學系建成英國最有影響力的人才基地。著名的社會學家安東尼・紀登斯（Anthony Giddens）的第一個教席就是在那裏取得的。然而直到一九六二年正式退休，六十五歲的埃利亞斯都沒有在萊斯特大學取得教授之職。在同事和學生的印象中，他是一個和藹的老教師，僅此而已。

造成這一印象的主要原因還是關乎記憶。就在埃利亞斯獲得教職之際，他得悉了母親死在奧斯維辛的消息。這一巨大的打擊像一道鐵閘，幾乎徹底地封閉了他的記憶。無人可以傾訴，無人可以理解，對於埃利亞斯而言，連傾訴和理解這兩個詞都顯得輕浮。他甚至不願發表文章——從任教到退休，他幾乎什麼都沒有寫。

另一個主要原因在於埃利亞斯的不合時宜（untimeliness）。歷史的錯位、時代的作弄、思想的獨特，包括本人刻意的迴避，都使得英國學界對他全然漠視。

這時候，遙遠的加納寄來了教授聘書，邀請他去建立社會學系。於是埃利亞斯再度轉身，到加納大學去待了兩年，還成了非洲藝術品收藏方面的行家。

一九六五年，埃利亞斯返回英國，繼續在萊斯特大學兼職授課。可能是因爲非洲之行放鬆了身心，他開始嘗試與年輕學者合作，發表了一系列文章。有些論文後來被學界視為體育社會學的奠基之作。他還與人合作出版了《局內人與局外人》等著作，探討了體制、定居和遷徙等社會問題。然而，這些具有開創性的作品仍然沒有改變英國社會學界對他長達四十年的忽視。

到了一九六八年，情況發生了變化。再版的《文明的進程》在荷蘭、德國和法國受到了學界的重視和公衆的追捧。第二年，他的《宮廷社會》也從資料室裏的列印稿變成了正式出版物，同樣好評如潮。一九七七年，埃利亞斯獲得法蘭克福頒贈的傑出學術研究獎——阿多諾獎，象徵著命運之神的正式垂青。

歐洲大陸慢慢熟悉了埃利亞斯的名字，要他去做訪問學者的邀請函也多了起來。他待在英國的時間越來越少。埃利亞斯先是在德國比勒費爾德的跨學科研究中心住了幾年，後來又移居阿姆斯特丹。

然而在英語世界，無論是英國還是美國，埃利亞斯大體上得到的仍是冷遇。可以說，他在英國的四十年，完全過著局外人的生活。而在美國，他的影響也局限在極少數優秀學者的圈子之內。實際上，當埃利亞斯於一九八四年選擇永久定居阿姆斯特丹時，英語世界並沒有意識到他們的損失。直到一九八九年，英國社會學會才想起正式邀請埃利亞斯來舉行作品研討會，然而此時的大師已是風燭殘年不良於行。

正是在這二十年裏，埃利亞斯進入了一生中最長的創作期，直至一九九〇年去世。他重新開始用自己的母語進行創作，出版和發表了不少重要的作品，其影響也擴大到全球範圍，並逐漸被人當作經典。

隨著聲名的確立，人們對埃利亞斯的個人經歷也產生了興趣。然而直到八十七歲高齡，他才謹慎地開啓記憶之窗，允許他挑選的人從外部打量。可是記憶不是照片，經歷了漫長的封存，它們早已模糊，變得相當不可靠。更多的個人生活根本沒有機會再現，或者由埃利亞斯本人來述說。爲什麼從前線調回布雷斯勞做衛生員？爲什麼重返大學後會參加當地的猶太復國主義青年運動？爲什麼完成學業後遲遲無法獲得哲學博士學位？爲什麼選擇一輩子獨身？甚至連這些疑問都須得後來者拼湊。以至於有學者抱怨，埃利亞斯身上存在「反自我」（counter-ego）的傾向。一生之中，他不斷刻意地壓制自己的記憶，造成了一種特別健忘的性格。而這種性格最終報復了他：當一部新著的草稿被過於熱心的清潔工從寓所送進垃圾焚化爐，衰老的埃利亞斯再也沒有能力憑藉記憶來恢復它大致的輪廓。

不過，對個人記憶的壓制同時也磨礪出埃利亞斯性格中堅韌與獨立的那一面。刻意的健忘不僅驅散了坎坷境遇中的沮喪和恐懼，還幫助他實現了情感上的克制。

實際上，今天的心理學家都知道，沒有情感的參與，記憶難以成型——短時記憶或許可以辦到，長時記憶則幾無可能。埃利亞斯對個人記憶的種種壓抑，本質上就是對個人情感進行的控制。在旁人看來，它使埃利亞斯具有一種超脫、甚至有些漠然的人生態度。

當這種態度反映到埃利亞斯的作品裏，有人就質疑他不關注迫切的現實困境。爲此他在《投入與超脫》中解釋說，他想以超脫的態度去追求眞理，「用充分客觀的知識」取代形而上學的胡說八道，取代意識形態的各種神話，從而有助於人類對未來的有效把握。在另一個場合他悲痛地承認，母親在毒氣室裏遇害的場景一直銘刻於心，「我過不了這道坎。」但是他又接著說：「我倒是很想寫一本書，來討論整個納粹的暴行。可是有太多的東西需要我去做出闡釋。」直到去世後，《德國人》一書才以遺著的方式釋放了埃利亞斯的情感，討論了他一直想討論的問題：一個產生莫札特、貝多芬、歌德和席勒的德國，爲何墮落爲充滿暴力和壓迫的地獄？即使這樣，這本書的副標題依舊體現出埃利亞斯的克制：十九世紀與二十世紀的權力爭奪與生存習慣的發展。

一位專家一語道破埃利亞斯的寫作風格：「他用一種受控的語言書寫。」而他的個人經歷與學術作品之間的緊密關係表明，在他的心目中，「受控」絕非風格那麼簡單，而是至關重要的核心觀念。這一點，在他的代表作《文明的進程》裏體現得尤爲突出。

以賽亞·伯林（Isaiah Berlin）說，二十世紀是有史以來最糟糕的世紀。如前所述，對此埃利亞斯肯定深有體會。他在一個史無前例的殘酷背景下來寫作《文明的進程》，顯然不是爲文明——尤指過去四五百年來以「民族——國家」爲中心的西歐文明唱讚歌。大致來說，埃利亞斯的目的是要幫助人們重新認清，到底什麼是文明？文明是怎麼起源、怎麼成型的？從而深刻地理解文明的發展、曲折、倒退與崩壞。

在《文明的進程》中，埃利亞斯首先從社會起源的角度，對法國人所說的「文明」（civilization）與德國人所謂的「文化」（kultur）做了考察和區分。他指出，由於「文明」和「文化」都承載著十分廣泛的價值意蘊，常被人們視爲近義詞。而實際上這兩個差不多同時在十八世紀中葉成形的現代概念，有著相當不同的歷史起源，更有十分顯著的意義差別。文明源自法語中的「禮儀」（civilit），十六世紀的廷臣們用它來描述優雅高貴的行爲舉止，以區別於「粗俗的」中世紀貴族將就使用的「禮貌」（courtoisie）。到了十九世紀，文明已經成爲一個具有普遍功能的概念，西方人用它來涵蓋西方社會在整體上高於其他社會的諸多性質。除了行爲方式，還泛指物質生活、技術含量、科學知識，乃至世界觀水準等等。

但是德語中的「文化」不一樣，它是作爲「文明」的對立面發展起來。在德國人那裏，文明是一個低於文化的次等觀念，就像法國式的禮儀規範，充滿了過度矯飾、繁文縟節和道德虛僞。而文化才是自然的、眞誠的、浪漫的、無拘無束的、情感充沛的，它標誌著德意志民族的自我意識與獨特精神。

可見文明意味著普遍性，文化體現的是獨特性。不過可以從埃利亞斯的分析裏看出來，這種獨特性其實類似一種對外界壓力產生的應激反應。它使得德國人不僅對文明帶有明顯的誤解和敵意，甚至到了以粗魯、庸俗和野蠻的行爲舉止而驕傲的程度。

在進一步的分析中埃利亞斯認爲，儘管到了十九世紀西方人好像在隨心所欲地使用「文明」這個概念，其實它在發展中一直沒有偏離它的原初含義。從根本上講，文明不是一個靜態的結果，而是文明化的過程。它的核心就是「受控」——通過「習慣」（habitus）的養成達成的對情感和行爲的自我控制。

「habitus」這個詞有時候也被翻譯成「慣習」、「生存心態」、「個人特性」等等，好像很難懂，其實未必。它就是生物學家常講的習性，即「第二天性」（second nature），指的是那些並非天生固有，卻在經驗中得以強化的行爲方式或情感傾向。人類習性的特別之處僅在於，多數情況下它們不是在自然環境中習得的，而是在社會環境中塑造的。

埃利亞斯發現，表面上看，一個習慣的形成未必是有計畫的——它既不是個別的人，也不是個別的團體高瞻遠矚精心策畫的產物。但是從整體與長期的角度看，衆多習慣的形成與改變並非沒有目的和方向。實際上，這些習慣的變遷朝著一個大致的趨勢，那就是使得一個人的情感和行爲更穩定、更均衡、更可預期。一句話，就是更可控制。

在大趨勢之下，是各種要素的交互作用。行爲塑造情感，情感反過來塑造行爲。外部的強制對人的行爲和情感加以約束，而一旦強制內化成爲習慣，它又會對外部環境做出主動的調節。在這個你來我往反反覆覆的過程中，個人與個人之間，個人與社會之間，相互依賴的機制得以細化和強化。越來越多的人被迫或主動地更加頻繁地關注越來越多的人，在埃利亞斯看來，這就是文明化的本質。這一進程不乏反覆、曲折和倒退，不過總體而言，它意味著暴力的減少，秩序的穩定。

爲了解釋這一交互並行的文明化進程，埃利亞斯羅列了大量的歷史細節。他運用卓越的技巧，將宏觀的歷史與微觀的個體結合起來，從兩個層次上細膩解讀了文明的發生。一個層次是個體的社會化，比如兒童怎麼通過受控，習得特定社會的情感表達與行爲準則；另一個層次是對情感以及行爲的社會習慣進行長期考察，以此來識別一個特定文明的主要特徵。

例如埃利亞斯注意到，在中世紀的飲食習慣裏，人們在同一個盆子裏用手抓肉吃，用同一個鍋或盤子喝湯乃是稀鬆平常的事。貪圖享樂的王公貴族擁有昂貴的珠寶華麗的餐具，卻可能只有一把叉子。十一世紀，一位希臘公主嫁給威尼斯王國的元首，用「有兩個齒的金屬長柄叉」將食物送進嘴裏，在當時竟然是一個特大的醜聞。這些資料都說明，那個時代的社會情感與行爲方式處於控制較弱的水準。直到十六世紀，法國國王亨利三世用威尼斯帶回來的叉子就餐，他的侍從還被廷臣嘲笑。不過有趣的是，正是在十六世紀那個過渡階段，「禮貌」（courtoisie）在法國上流社會逐漸廢止，而「禮儀」（civilit）使用得愈加頻繁，最終在十七世紀的西歐取得優勢。

兒童的教育也反映出那一時期文明化的特徵。譬如那時候有一本叫《男孩的禮貌教育》的禮儀手冊，主要內容還保留著中世紀的傳統習俗：應該用三個手指抓肉吃，莫像饞鬼或餓狼那樣撲向食物等等。可是另一些內容卻表明，相較於十四至十五世紀的宮廷禮儀，社會習慣已經更加細膩。以往，啃過的骨頭不可放回公用的盆子，不能用桌布擤鼻涕，不要把痰吐到餐桌對面去等等，這些還是必要的明文規定。而到了《男孩的禮貌教育》裏，盤子端上來不要急於伸手取食以免燙傷，與有身份的人同桌進餐要脫帽整理頭髮等等，更加具體細緻的規矩多了起來。手冊中有一句話特別能說明埃利亞斯的觀點：「最好稍等片刻，等這個男孩慢慢習慣於控制自己的情感」。

從啓蒙時代到二十世紀上半葉，出現過多種文明理論。經濟因素、階級鬥爭、生產力發展、社會結構等等，都被用來理解這一進程。但是沒有哪一個理論像埃利亞斯的文明論那樣，如此強調身心一致。這顯然與埃利亞斯的醫學基礎分不開。他很早就意識到，人有著黑猩猩難以比擬的細微而豐富的面部表情。而由肌肉和神經控制的表情，與情感和行爲都絕非單向的因果關係。讀者從這一點上去理解《文明的進程》無疑是一條捷徑。

福柯（Michel Foucault）、布迪厄（Pierre Bourdieu）、戈夫曼（Erving Goffman）等等，不少社會學名家都從埃利亞斯那裏汲取營養，這並不奇怪。令人驚訝的是，科學家們的研究也深受埃利亞斯啓發。隨著艾克曼（Paul Ekman）、特納（Jonathan H. Turner）等人的研究，他在二十世紀早期開闢的方向正成爲心理學家、神經科學家和語言學家的共識。如今人們終於意識到，情感不僅是個體的自我評估體系，還是社會聯繫的重要工具——它們是「身體與社會的語言」。

像埃利亞斯分析的那樣，科學家們逐步證實，在社會的壓力下，恐懼、憤怒、高興和悲傷等基本情感能夠像顏料盒中的原色，按照不同的比例混合，生成次級情感。而次級情感還可以再度調和，生成好奇、希望、感激、自責、內疚、驕傲等一系列有利於社會化的複雜情感，並合成含有溝通意圖的面部表情和身體姿勢，它們在塑造自我和社會方面具有極其重大的意義。而這些東西，往往需要通過習慣來養成。

在心理學家史蒂芬·平克（Steven Pinker）的新書《人性中的善良天使》裏，埃利亞斯乃是當之無愧的中心人物。在那本書中，平克以埃利亞斯的理論爲基礎，運用大量的統計資料證實，在一萬年乃至更大的時間跨度裏，外部約束與自我約束的確使情感越來越細化的人類更少暴力，更有秩序了。如今，越來越多的證據支持這一觀點：埃利亞斯的文明論不僅在二十世紀下半葉取得了社會學的經典地位，而且必將在二十一世紀的各個學科領域發揮更大的影響。

其實，「身心一致」不僅是文明論的概括，就像我們看到的，埃利亞斯的人生也可以以此來評價。在一個古老的西方傳說中，一位騎士在寒夜裏尋找美麗的博登湖（Bodensee），卻在黑暗中迷了路。第二天濃霧消散，他發現自己身在一個小村莊中。於是他問村民，博登湖在哪裏？村裏人說，尊敬的先生，你肯定在昨夜裏已經踏過了博登湖。只不過，那湖面上結了一層薄薄的冰。騎士嚇得魂飛魄散，從馬上栽下一命嗚呼。回顧自己漫長的一生，埃利亞斯將自己也比喻爲騎士，只是結局要幸運得多。他說：「我從不計畫自己的生活。我就像博登湖上的騎士那樣大膽前行，從不害怕會掉到冰凍的湖面之下。這就是我對生活最基本的感覺。」

也許埃利亞斯說得對，也許未必。他曾經說他「追隨著自己的心靈」，可是至少從他曲折的人生來看，他的心靈從未放任不羈。在遺著《莫札特的成敗》裏，埃利亞斯悄悄地將自己的人生與莫札特做了一個對比。一個年少成名，一個鬱不得志；一個天縱之才，一個大器晚成；一個桀驁不馴，一個隱忍克制；一個生活在承平年代，一個掙扎在亂世當中；一個英年早逝，一個頤養耄耋。在這一系列隱藏的對比中，埃利亞斯其實婉轉地承認，他的人生是謹慎的，充滿了自我約束的印記。實際上，如果他不是以身心一致的方式前行，危機四伏的博登湖怎能踏過？

從這個意義上看，在文明的進程之中，人類何嘗不是冰湖上的騎士呢？

03

無盡的交流

MOUNT INTO BOOKS
Mount into Books
Mount into Books
MOUNT INTO BOOKS
Mount into Books mount into books mount into books
Mount into Books mount into books mount into books
MOUNT INTO BOOKS
Mount into Books mount into books mount into books
Mount into Books mount into books mount into books

一九八三年四月十一日，貝阿塔給素昧平生的伯林寫了第一封信。從信的內容看，她對能不能收到回信，沒什麼把握。當時的貝阿塔，只是波蘭克拉科夫市雅蓋隆大學的一名年輕講師。而那時候的伯林年逾七旬，已是名滿天下的哲人。哪怕在封鎖下的波蘭，他的名字也不乏人知。

但貝阿塔自有鼓起勇氣寫信的理由。一九八一年十二月，波蘭實行軍管，試圖以此壓制風起雲湧的社會運動。以雅魯澤爾斯基爲首的軍政府打壓團結工會，不少人鋃鐺入獄，整個社會死氣沉沉。這場軍管持續了十九個月，直至一九八三年七月才被迫撤銷。在這期間，貝阿塔深切地體會到，「自由乃是涉及我個人的問題。」也正是在這一時期，她開始構思並寫作博士論文，中心議題即是「自由」，特別是伯林論說的消極自由與積極自由。所以，她迫切地想就《兩種自由概念》一文向作者本人請益。亟待解決的，決非一個單純的學術問題。

然而伯林的回信與其說熱情，不如說禮貌。在短如便箋的信裏他說，從《自由四論》出版（一九六九年）迄今，自己的觀點沒有什麼顯著的變化。同時他頗爲周到地表示，將給貝阿塔郵寄幾本出版物。

有趣的是，三年後當他們恢復通信之時，伯林的回覆卻變得相當認眞。在信中，他對「人性」這一觀念的闡發，就透徹的程度而言，甚至超過他的好幾篇專門的論文。伯林還邀請貝阿塔訪問牛津，隨時自由地討論，這讓貝阿塔相當意外。

可能是貝阿塔的認眞激發了伯林的認眞。不過據我的理解，他的回覆之所以顯得充分，也許還出於另外一些原由。

從一九五八年發表題爲《兩種自由概念》的齊切里講座就職演講以來，伯林的自由論一直處在政治哲學家的視野範圍之內。不過有一段時間，特別是上世紀六○年代末到七○年代中後期，在伯林獲得前所未有的大衆聲譽之時，持久討論的熱情卻從學界消褪了。到後來，伯林乾脆成了「牛津一景」，一個象徵物。在那個屬於漢娜・阿倫特、赫伯特・馬爾庫塞的風雲時代，伯林只能在私下的書信和對話中自嘲，稱自己是一隻本該滅絕的自由主義乳齒象，其思想有如J. S. 穆勒的微弱回聲。而在公開的領域，他心甘情願地去爲牛津籌建新學院，去敲開贊助商的大門，和基金會的反對者、拖延工期的承建商周旋。

差不多就在貝阿塔給伯林寫信的前幾年，情況有些變化。在那段時間裏，學界對伯林的思想似乎重新燃起了熱情。這要首先歸功於傑出的編輯亨利・哈代。正是經他之手，大約從一九七八年開始，伯林的大量文稿結集出版了。先是《俄國思想家》，接著是哲學論文集《概念與範疇》和思想史文集《反潮流》。這些作品的推出不僅豐富和矯正了很多人對伯林的印象，也激發起伯納德．威廉斯、約翰．格雷、查理斯．泰勒、羅奈爾得．德沃金、邁克爾．沃爾澤等學者對自由主義的思辨。他們的批評，不僅使伯林重新回到了自由主義思潮的中心，也讓頹靡的自由主義恢復了精神。除了各種著作，他們的觀點在紀念文集《以賽亞．伯林的遺產》中有集中的表述。貝阿塔的書信，其實也算是這一熱潮的組成。

就個人而言，伯林本人當然很高興看到這些討論。這促使他開始比較公允地自我理解：審視自己在五〇至六〇年代煥發出來的驚人創造力，同時承認在漫長的歷程中，自己確實存在邏輯上的一致性。然而即使如此，出於天性，他並不願置身於那些公開的討論當中。他是一個老派的人，喜歡私下的對話，厭惡台面上的爭辯。因此，在這一時期，伯林越來越倚重書信和談話與人交流。《未完的對話》和《伯林談話錄》的內容均出自於此。

不過我認爲，伯林如此看重自己與貝阿塔的書信與對話，不會只有一個重要的理由。他喜歡偶然、例外和奇蹟，就像他說的那樣，「不願意這宇宙太整潔。」對於伯林來說，貝阿塔的出現無疑是某種偶然或例外，讓他欣喜。

另一方面，他對貝阿塔還持有一種責任感。在給朋友的一封信中，他談到步入暮年的自己沒有停止工作，完全是出於單純的羞恥心，「以及繼承自所有那些嚴肅的受迫害的祖先身上某種古已有之的責任感。」當鐵幕之後的貝阿塔欲以思考自由的方式來對抗暴政，基於對受迫害者的深刻理解，伯林的責任感鮮明地體現在他的每一封回信中。

在和貝阿塔面對面的一次談話裏，伯林把這種責任感上升到了倫理的高度。當貝阿塔向他解釋暴政下的個人生活有多麼不易之時，伯林的每一句話都飽含著人性的溫柔。他寬慰貝阿塔，假如一個人不幸地生活在恐怖的制度之下，反抗固然是對的，順從也未必錯。「不要爲了誠實而犧牲自己的孩子」，伯林對身爲母親的貝阿塔說。因爲在那樣的情形下，人們所做的事情往往超出了道德批評的範疇。他又說，在那種極端情況下，就整體而言，可以減少痛苦，仍然是一個人保有尊嚴的理想。

那是一九八八年五月，貝阿塔第一次到英國的時候。兩年後，伯林的信中不再用「尊敬的波蘭諾夫斯卡-塞古爾斯卡」夫人或女士這一類客氣的稱謂，而改用「親愛的貝阿塔」開頭。

在長達十五年的對話中，哲人逐漸對貝阿塔敞開了心扉，帶著一個老者特有的緊迫感。他寫道：「你的信感人至深，直達我的心靈。如果你覺得還想要給我寫信，就請寫吧——我願意告訴你，你的信對於我意義重大，也許超過我的信對於你的意義。鑒於我年事已長，你知道，快八十一歲了，所以請不要拖延太久——你覺得有什麼話要對我說，只管寫來就是。」

就這樣，伯林引領貝阿塔進入他在自由論說中的核心區域。這些區域迷霧重重，不僅讓學者們為之困惑，甚至伯林自己談及，往往也有自相矛盾之處。例如消極自由與積極自由的分野究竟是一種嚴格意義上的理論，還是一種更偏重修辭意味的意見；再比如，自由主義與多元論在邏輯上究竟是否融洽，存不存在必然的因果關係，抑或只有心理學意義上的聯結，諸如此類。這些問題，伯林時常保持著含糊其辭的態度。然而，他為貝阿塔解惑時卻表現出了非比尋常的慷慨，這使得《未完的對話》一書迥異於另一本對話錄《伯林談話錄》。他和伊朗哲學家賈漢貝格魯的交談更宏闊，而與貝阿塔的交流更體貼更細膩，也更私人。

有時候，在一些書信裏，還有他們面對面的交談中，我感覺伯林和貝阿塔就像一對父女，充溢著更溫暖的情感。在《未完的對話》的一些談話裏，偶爾我甚至會看到一個朝伯林抱怨的貝阿塔，大聲嚷嚷「您現在說的話和上次會見時說的話很不相同啊！」

如果說貝阿塔多數時候還有些因尊重而生的僵硬，那麼伯林體現出來的對後輩的愛要熾烈得多。就如信中所寫，他希望貝阿塔「眞實、幸福、知識、安全、各方面都如意的生活等匯合爲一。」

或許正是因爲情感，促使伯林在《未完的對話》更主動地發掘自己的思想根源。在這本書中，我找到了伯林將哈耶克視爲放任自由主義者的理由，也看到了他批評波普爾爲褊狹的本質論者的基本邏輯。而諸多內容，我想假如不是因爲貝阿塔的激發，伯林不會說得那麼直接明白。

他向貝阿塔明確表示，如果現在來寫自由，他再不會像從前那麼堅定地認爲，消極自由比積極自由更文明、更重要。假如有人認爲，他抨擊了積極自由，那是自己表達不清的過錯，而非他的本意。他說放在今天，「我會對積極自由更友善。」

坦率講，就兩種自由的看法做如此斷然的修正，我在伯林的其他著作中從來沒有看到過。伯林對貝阿塔說：「你的信給我很大的激勵，我相信，我以前從來沒有這樣清晰地表達過我的思想」，這決非虛言。他願意在長篇回覆的結尾寫下如此字句：「不知道我說得清楚與否……如果還沒有說清楚，就寫信來，再繼續。」意猶未盡，他還樂意附上：「另外還有你沒有問到的兩點」，世上有沒有「民主的非自由社會」？有沒有「專制的自由社會」？

意猶未盡，恰是熱忱坦率的伯林與執著堅定的貝阿塔賦予《未完的對話》的獨特氣質。這種飽含情感的氣質提醒我，此書在伯林的一系列著述中具有不可替代的價值。

一九九七年七月十七日，伯林在回覆貝阿塔的信中說，年紀大了，思維難免混亂，表達也很難像以前那麼清晰。但是，他依然清楚自己堅持的立場。這一立場，用「理性的自由派」來描述的話，比「自由派的理性主義者」可能好一些。

就在當天凌晨，家人叫救護車將伯林送進了醫院。後來，亨利・哈代告訴貝阿塔，七月十七日的那封信是伯林最後一封嚴肅的學術信件。之後，直至去世，他再也不能處理這種水準的書信了。

伯林的傳記作者伊格納季耶夫曾經說，當死亡的陰影漸漸逼近，伯林自己可能都沒有意識到，他正在與自己精心挑選的對象揮手告別。讀完《未完的對話》，我深深地明白了這一點。

04

在懷斯去世時 談論霍珀

MOUNT INTO BOOKS
Mount into Books
Mount into Books
MOUNT INTO BOOKS
Mount into Books mount into books mount into books
Mount into Books mount into books mount into books

哈貝馬斯在接受《時代週報》的採訪時說，他在美國佛羅里達等地看到的一片蕭瑟就像畫家霍珀（Hopper）的畫作：一排排似乎沒有盡頭的空蕩蕩的房子、房子前荒廢的草坪以及上面立著的那些因拖欠貸款房產回收的標誌牌，無不透出傷感。（《破產後的生活》）

的確，在愛德華・霍珀的畫布上，從不缺乏空曠無人的場景。可是，他的畫作是傷感的嗎？我有些吃不准。在我看來，霍珀早期畫作裏有點笨拙的表現主義色彩，這大概與他二十四歲（一九〇六年）時的巴黎之行有關。在那裏，他發現了波特萊爾的詩歌，並終身誦讀——後者的象徵主義對表現主義繪畫有著極深的影響。不過後來的霍珀很快拋棄了通常意義下的表現主義，著重描繪美國城鎮和鄉村的熟悉景物。

霍珀的作品中經常會出現空曠冷寂的城鎮，孑然獨處的人物，難免給人以「傷感」。但如果人們僅停留於這一感覺，恐會辜負了畫家的苦心。實際上，霍珀猶如導演，他通過獨到的空間構圖和強烈的光源，在自己的大部分作品中安排了不小的戲劇衝突。就拿那幅《加油站》來說吧。畫家刻意加強了畫面中前景的亮度，同時將公路的遠端隱入最暗處，爲本來暮色沉沉的鄉村加油站營造出一種舞台的效果。

假如觀眾細心琢磨就會發現，畫面上的光影不大合理，甚至很不自然：三台加油機因爲前景的光照閃著耀眼的紅色，但機器的陰影卻分明在提醒，更強烈的光來自畫面的右後方。可是，畫面的右方除了一個標誌牌，根本沒有光源。標誌牌的立柱陰影和右側發亮的樹冠在提示，光來自人們看不到的畫面左側上方。那麼，畫面右側那間白色小房子的屋頂照理應該也像加油機那樣紅得發亮，但是事實上它卻相當黯淡。已經亮得過分的空地上還投下了白房子的門窗中透出來的光，這意味著房間裏的光源更是異乎尋常地強烈——由於這一切荒誕之處都無法從畫面上看出究竟，就造成了另外一個耐人尋味的結果。那就是畫作的觀看者會產生這樣一個感覺：自己（或者是某個人）正躲在那個空間之外的某處偷窺。因爲是偷窺，所以那些光線的不合理似乎就是情理之中的事情了，因爲被遮蔽了——那個若無其事或毫不知情的工人加深了這種偷窺感。而這種不安的感覺才是霍珀想要的。

霍珀自承癡迷於光線。不過在我看來，準確地說，他是癡迷於光線的調度與安排，而不是光本身。這一點，只需與注重光影的印象派諸家做個簡單比較就明白了。實際上，霍珀作品中的光線本身是單調的，甚至是蒼白的，只是因爲它被安排在各個不同的地方，才顯得有些不同尋常。無論是著名的《夜鷹》，還是不那麼著名的《夜晚的辦公室》，莫不如此。

所以，並不像人們通常所說的那樣，霍珀既不是一個現實主義畫家，也不是什麼「沉默的目擊者」，如果非要給一個比喻，我認爲他是擅長運用空間與光線營造類似現代派戲劇效果的畫家——以他對戲劇效果和心理暗示的強烈追求，稱霍珀爲畫家中的希區考克也不爲過。

關於霍珀與戲劇、影視的關係，既可從畫家本人多年的電影海報繪畫經歷，也可從後來電影界和攝影界人士對他的偏愛看得出來。譬如，攝影家格里高利·克魯德遜（Gregory Crewdson）就承認，自己的作品深受霍珀影響。他說：「我可以略帶諷刺地說他（霍珀）是最偉大的美國攝影家。我的意思是在我們對自己的理解方面他的影響如此巨大。但是就當代攝影而言，他對美國日常生活的興趣使他現在看起來也並不過時。」美國一家美術館二〇〇六年就曾舉辦過一次名爲「從霍珀那裏出發：格里高利·克魯德遜／愛德華·霍珀」的雙人展，以此充分探討霍珀對影像作品的深遠影響。有意思的是，霍珀的畫作與史蒂芬·史匹柏的電影（如《第三類接觸》）、喬治·盧卡斯的電影（如《美國風情畫》）之間，也不乏這種風格上的聯繫。

很多人把霍珀稱爲寫實主義的大師，然而我認爲這個稱號加在他的頭上並不合適。這讓我不由地想起可與霍珀相提並論的另一位「寫實主義的大師」，美國畫家安德魯·懷斯。有些諷刺的是，霍珀死於一九六七年，懷斯則在二〇〇九年一月十五日去世，可是如今談論霍珀的人遠遠多於懷斯——「風尚」的轉換眞是令人唏噓。

如果以一般人愛用的「孤寂」、「神秘」之類的辭彙來形容霍珀，那麼毫無疑問，懷斯也具有同樣的特點。然而，他們又是如此不同，難免讓人產生將他們進行一番比較的衝動。

相對霍珀在中國獲得的反響而言，懷斯曾在中國掀起的熱潮是不可複製的。在上世紀八〇年代，中國的畫家們或多或少都感受到懷斯的影響力。像何多苓早期的名作《春風已經甦醒》、艾軒的西藏風情組畫，都有著懷斯的影響。就在前不久，艾軒還深情地說：「懷斯是美國美術史上最偉大的藝術家。」連一再表示對懷斯「十二萬分憎懼」的陳丹青，早年的西藏組畫裏恐怕也能看見懷斯的影子——《克莉絲蒂娜的世界》中那道高聳的地平線時時可見。

關於懷斯的藝術成就，似乎有著很高與很低兩種極端評價。不過我對這些評價沒什麼興趣。我對懷斯感興趣的，仍然是空間與光。懷斯與霍珀所關注的題材有很大的不同，他們對空間與光的理解也存在很大差異。欣賞懷斯的畫作，不大可能有那種目擊甚而偷窺的感覺，主要原因在於空間與光的調度。在懷斯的畫裏經常出現，並且極富表現力的地平線、天際線在霍珀那裏是看不到的。而在霍珀畫中，那些刻意地、甚至是強制性的光在懷斯那裏也不曾有過。相反，懷斯畫作裏的光是散漫的、平和的，所有的景色通常都籠罩著一種灰濛濛的光暈。且不說那著名的《克莉絲蒂娜的世界》，就隨便拿一幅《一九四六年的冬天》與霍珀的畫作比一比就足以說明問題：衰草、柵欄、尚未完全融化的積雪，它們被一一呈現於畫面之上。一個迅疾行走的男子被置於畫面的中間，影子似乎有些跟不上主人了。在霍珀的畫作裏，很難看見如此一覽無遺的場景，也幾乎看不到如此劇烈的人物動態。懷斯善用那些富有彈性的線條，使得他的作品有著層次豐富的肌理，這在霍珀的畫作裏同樣是很難看到的——在他那裏，更多的是水準與垂直的銳利線條，建築如此，街道如此，連人物的形體也如此，而這些線條往往是強烈的光線所規定的。但是，《一九四六年的冬天》中那個男人的影子透露出了些許訊息：那分明是一道著重強調的影子，與整個畫面的亮度形成了鮮明的對比。在懷斯的很多作品裏，都能發現作者對陰影的刻意強調。它暗示著懷斯與霍珀一樣，都巧妙地運用光影來表達主題。在另外一些畫作裏，懷斯處理單一光源的手法更能看出他與霍珀的共同之處。例如《克莉絲蒂娜的世界》之二、《戀人》等。

應該說，相較於霍珀，懷斯的畫才是「感傷」的。他運用空間與光所營造的更多是情緒，而非戲劇化衝突。所以人們在懷斯的畫裏看不到不安、緊張和焦慮，而常會有悵然若失的感覺。從這一點講，霍珀是導演，懷斯是詩人。但只有當我們去親近他們的畫作，才能理解懷斯那麼推崇霍珀的原因——他的確從大自己三十五歲的前輩畫家那裏學到了東西。

05

明治的體格，江戶的魂

MOUNT INTO BOOKS
Mount into Books
Mount into Books
MOUNT INTO BOOKS
Mount into Books mount into books
Mount into Books mount into books
MOUNT INTO BOOKS
Mount into Books mount into books mount into books
Mount into Books mount into books mount into books

阿馬蒂亞・森一再提醒人們，不要忘了經濟與倫理密不可分，不要忘記所謂「生活品質」，不僅包括收入水準，還應該包含健康、教育、人權、社會關係等一系列要素。他說，假如人們的生活標準提高了，卻因爲消費得起更多的食品而導致健康水準下降，這樣的GDP誰需要？（《生活品質》，社會科學文獻出版社）可是，在面對閃閃發光的宏觀經濟指標時，不少學者和普通人一樣會被唬弄，看不見GDP（國內生產總值）的圖表上一片腥紅。

一般來講，收入水準上升了，生活品質的確也會上升。但是歷史提供的反例並不少。比如現在被稱爲人類最偉大發明之一的抽水馬桶，甫一問世就廣受歡迎，卻曾導致倫敦瘟疫肆虐，民衆生活品質下降。原來從馬桶裏沖走的排泄物嚴重污染了他們的飲用水源泰晤士河。再比如，工業革命剛開始，經濟是起飛了，人們的壽命卻縮短了。因爲工業污染比以前嚴重得多，工作強度和工作時間也是空前的。美國歷史學家蘇珊・B・韓利還舉過一個收入水準與生活品質矛盾的例子。她說，日本明治時代吃得起精製大米的人多了，可是很多人卻患上了維生素B缺乏症，甚至有皇室成員因此死於腳氣病（beriberi）。

正是秉持阿馬蒂亞・森對生活品質的看法，韓利在她的著作《近世日本的日常生活》（三聯書店）裏要努力矯正人們對日本歷史的固有觀念。簡單概括起來，那個觀念的意思是：「明治維新之前的日本是一個貧窮落後的封建國家。」

毫無疑問，GDP是以上固有觀念的基石。像考察同時期英美等國家一樣，人們用它來衡量日本，於是得出了那樣的結論。可是大家卻忽略了，用GDP這個指標去考察處於前工業化時期的日本（也包括中國）的歷史，根本是牛頭不對馬嘴。因爲在缺乏現代國家能力的前工業化時代，沒有精確的統計資料，沒有可信的人口數字，也沒有實現全面的貨幣化，現在來估算GDP，或者拿GDP做計算依據，可靠性都必然大打折扣。更重要的是，要瞭解當時等級森嚴的日本，GDP也幫不了太多忙。它既不能提供多少有關國家經濟結構的資訊，也反映不出國民收入的分配狀況。所以，當韓利以「身體健康水準」這個指標取代人均GDP，人們就會發現，日本的歷史形象顯得既不熟悉，也不單薄了。

什麼叫「身體健康水準」呢？韓利解釋道，身體健康水準的定義是生活標準加上正面或負面的「品質因素」。這些品質因素包括飲用水的潔淨程度、營養的品質水準、疾病的發生率、住宅大小和品質等影響身體健康的多種因素。這當然是一個比GDP或生活標準更有趣的概念。不過假如它無法量化的話，對於學術研究來說則意義不大。而從韓利的著作裏可以看到，「身體健康水準」要做到完全數位化存在難度，但一定程度的量化是可以做到的。

在《近世日本的日常生活》裏，所謂量化是通過品質因素的具體化、細節化實現的。人口數量的變化、收支水準的起伏以及政府文書上的記錄固然應該關心，住房面積有多大，地板是泥土還是木板，睡覺鋪的是乾草還是榻榻米，服裝有哪些特點，吃得怎麼樣，廁所清潔如何，民衆怎麼洗澡，奢侈品的種類有多少等等，凡是與身體健康有關的因素也都要一一予以關注。表面上看，這樣做當然繁瑣複雜。可是我相信讀者一旦拿起書就會放不下，因爲作者的見解夠新鮮，書中提供的資訊夠豐富。

一直以來，人們總是強調明治維新在日本現代化進程中所起的關鍵作用，卻容易產生一種錯覺，誤以爲明治時代與江戶時代是斷裂開來的「新舊兩重天」。事實上，用韓利所說的「身體健康水準」這個尺子一量，就不難發現，很大程度上是江戶時代，而不是明治時代塑造了日本。早在德川幕府的統治下，日本人的生活方式就已經確立並定型了。明治維新之後，即使日本的政治、經濟、制度、技術等等都發生了巨變。可是，一旦老百姓背對那個日新月異的外部世界，仍然可以關上家門，按照江戶時代的老規矩過日子。這種長久穩定的日常生活不僅幫助時代革新不至於脫離傳統的框架，也使得民眾身處變局仍感到踏實和安全，進而較從容地面對未來。形象地講，明治重新塑造了日本人的體格，江戶時代的魂魄沒有散。

不要奢望一篇短評就能概括《近世日本的日常生活》——它最有魅力的恰恰是無法概括的那一部分。當然，中國讀者還得克服把日本與我們這個擅長一切推倒重來的國度相比較的衝動。只有克服了這種衝動，以及它所導致的沮喪，讀者才能得到智性的滿足。

06

偉大的兄弟

《布達佩斯的故事》不是一部好作品，但是很重要──因爲故事裏的兩個主角很重要。卡爾・波蘭尼(Karl Polanyi)和邁克爾・波蘭尼(Michael Polanyi)，他們兄弟倆是人類思想史上不應被忽視的人物。然而事實是他們都沒有得到足夠的重視，以及應有的榮耀。

卡爾・波蘭尼是社會思想家、經濟史家、經濟人類學家。他寫於上世紀四〇年代的巨著《大轉型》描述了西方世界從前工業社會向工業社會轉變的大進程，以及伴隨這一進程發生的社會形態、意識形態以及政治形態上的大轉變。卡爾揭示的主要事實是，市場經濟鑲嵌於社會經濟之中，社會經濟又鑲嵌於更大的社會之中。用諾貝爾獎得主、經濟學家史迪格里茲的話講，卡爾・波蘭尼的巨大貢獻在於，他用歷史戳穿了神話，「從來沒有存在過眞正自由、自發調節的市場體系」，自始至終，政府都在其中扮演者積極的角色。他的評價可能窄化了卡爾的思想，但不無道理。

對於很多人而言，卡爾的洞見來得太早，因而根本無從認識。《大轉型》成書於二戰尚未結束之際，其影響長期局限於人類學、歷史學和社會學領域，沒有引起其他領域的關注。雖然早在上世紀二〇年代，卡爾就直接挑戰過經濟學家米塞斯（L. Mises）的觀點，但後者及學生哈耶克（F. Hayek）一起奠定的新自由主義（Neoliberalism）意識形態還是對其形成了有效的遮蔽。直到這種原教旨色彩極濃的市場自由主義在世紀之交遭遇巨大的失敗，卡爾的思想才從這種遮蔽中凸顯出來，重返人們的視野。於是接下來，人們在經濟學家丹尼・羅德里克（Dani Rodrik）的不少著作裏看到了卡爾的觀念痕跡，在社會學家馬克・格蘭諾維特（Mark Granovetter）的《鑲嵌》中讀到卡爾的理論框架，更可以在政治哲學家約翰・格雷（John Gray）的《僞黎明》中感受卡爾的智識活力。如今，社會科學的各個領域都已經將卡爾視爲二〇世紀最有辨識力、最具批判性的思想家之一。但是，他的理論體系仍舊缺少系統的闡釋。這一點妨礙了卡爾的思想在更廣領域的傳播。

與哥哥卡爾比起來，邁克爾・波蘭尼的命運似乎好一些。在兄長的呵護下，邁克爾首先成爲了一名傑出的科學家，在物理化學領域有極高的造詣。其子約翰（John Charles Polanyi）就繼承了他在這方面的才華，獲得過諾貝爾化學獎。不過，邁克爾後來成了一位深刻的科學哲學家，對人類的認識論有深刻的見解。他的這些思考在《個人知識》中有過系統地闡發。其中，他對「顯性知識」與「隱性知識」的劃分尤爲重要，以後的科學哲學家柯瓦雷（Alexandre Koyre）、庫恩（Thomas Kuhn）等從中獲益匪淺，以至於有人把他的認識論譽爲人類知識史上的一場「哥白尼式的革命。」

邁克爾的思想對經濟學家哈耶克的影響更是決定性的。我曾經評價說：「哈耶克的正確之處均非原創，而他的原創之處多有謬誤。」主要針對的就是這一點。哈耶克經常使用的概念，例如默會知識、自發秩序等等，無不源自邁克爾的創見。可是我相信，儘管邁克爾與哈耶克、卡爾・波普爾並稱爲「朝聖山三聖」，然而朝聖山學社（Mont Pelerin Society）的大多數信衆恐怕連邁克爾是誰都不知道。

《布達佩斯的故事》有助於讀者初步瞭解這一對偉大的兄弟。他們生活的時空環境、文明背景以及社會網路，都在這本書中有所描繪。這爲我們理解波蘭尼兄弟的精神世界很有好處。然而，作者栗本慎一郎的立意過低了。這位經濟人類學家寫作此書的最初目的僅是爲了糾正管理學家杜拉克（Peter Drucker）對朋友波蘭尼一家友善而充滿謬誤的回憶。這使得他在書中往往糾纏於枝節，而忽略了更重要的東西。他用大量的筆墨去渲染布達佩斯的音樂、繪畫和思潮，卻對波蘭尼兄弟明顯不同的理論路徑、內在的聯繫以及相互的影響未做深究，而實際上，波蘭尼兄弟充滿張力的思想應該成爲自由主義左翼與右翼的共同財富。

栗本愼一郎絮叨的筆調、自戀的抒發，以及賣弄的日式幽默也損害了該書的品質。但是就像我在開頭說的那樣，到目前爲止，《布達佩斯的故事》仍然非常重要。除非，有人寫出了關於波蘭尼兄弟的更好作品。

07

上帝心理研究

MOUNT INTO BOOKS
Mount into Books
Mount into Books
MOUNT INTO BOOKS

一九九七年秋，法學家艾倫．德肖維茨（Alan M. Dershowitz）在哈佛大學法學院開設了一門研討課，討論主題是「聖經蘊含的現代社會正義公理之源頭」，吸引了一百五十名學生前來爭奪二十張額定課桌。

如此肅穆的研討主題，這麼多學生搶破了頭，一開始估計是衝著老師的赫赫聲名而來的。德肖維茨一九六二年畢業於耶魯法學院，二十八歲就成了哈佛大學的法學教授，學養深厚不必說，更有「美國歷史上最偉大的律師」之譽。他代為辯護的馮．彪羅案、辛普森案、泰森案不僅在法庭上大獲成功，也引發了世界範圍的關注。至於他在柯林頓彈劾案、美國總統大選案等大案件中扮演的角色則是後話了。

不過到了研討課的第二學期，學生們依舊一席難求，顯然就不能單用德肖維茨的名氣來解釋了。如今，研討課精選編撰成了一本書，題為《法律創世紀》，也許我們可以從中找到更有說服力的理由。

德肖維茨討論的主題雖名為聖經與正義的淵源，其實主要對象是聖經的開頭部分，即《創世紀》（Genesis）。《創世紀》是聖經中成書最早的摩西五經的第一卷，也是猶太教聖經與基督教聖經舊約中基本一致的起首文字。德肖維茨認為，與新約聖經、可蘭經中完美無瑕的上帝、耶穌及眞主相比，《創世紀》中的角色全是有缺點的。這裏頭的人會欺騙、說謊、盜竊、亂倫，即使是好人，有時候也會做出人神共憤的壞事，以至於犯下殺人的大惡。連裏面的上帝「也可以視爲不完美的上帝，既非全知，也非全能，甚至有時候還行兇作惡。」

可是，爲什麼如此不完美的內容會置於聖經之首？德肖維茨的理解是，這說明《創世紀》的作者們想主動刺激讀者的反應，要讀者懷疑，要讀者思考，甚至產生異議，而不是希望讀者盲目相信，或者故意引誘疑慮者落入陷阱。這種事情他小時候就有經驗。有一次他在課堂上問，既然亞當夏娃沒有女兒，那麼該隱的老婆是從哪兒冒出來的？結果被老師轟出了教室。儘管如此，德肖維茨仍然尊聖經爲一本神聖的經典，因爲「有人願意爲之犧牲生命，或者殺人放火。」所以他承認，從根本上講，他自己是以一個好辯拉比的形象（德是猶太人）來探討聖經的。

因爲這一原故，從德肖維茨精心挑選出的十則聖經故事中，我們要正視矛盾與缺陷，更要從中探尋迄今依然鮮活的思想源泉。

第一個故事發生在伊甸園。上帝吩咐亞當，園中各種果實可以隨意吃，惟有善惡樹上的果子不可以，「因爲你吃的日子必定死！」不料夏娃在蛇的引誘下摘吃了善惡樹上的果子，並把果子給了丈夫亞當，亞當也吃了。上帝知道此事，將他們夫婦趕出了伊甸園。

德肖維茨講，在這個故事的結尾，上帝違背了他一開始做出的規定，即當場處死亞當。也就是說，上帝制定的關於人類的第一條法律，竟是虛設了。從這樣一個首次施罰都不能言出必行的上帝身上，我們該學到什麼呢？難道說，上帝是一個光喊打卻不動手的父母，違逆他的命令也可逃脫懲罰？

還有，上帝起初只給亞當下了命令，並未告誡夏娃（起碼沒有直接威脅），爲何對女人的責罰重於男人？這樣的判決還有公平可言嗎？

再有，未吃善惡果之前，亞當夏娃就缺乏辨識對錯的能力。不能分辨善惡，吃了禁果卻要遭受懲戒，就像患有妄想症的精神病人傷害了人負了不該擔的責任，上帝如此做豈不是不教而罰？

這都是相當棘手的問題。

德肖維茨的看法是，上帝的第一條法律未受遵守，一點都不讓人意外。因爲這時候的上帝自己還在學習什麼是正義公理，什麼是不平冤屈。他猜想，上帝從第一次做立法者的失敗中學到了重要的一課，就是人類比較可能遵守符合他們天性的合理法律，而不是隨口許下的威脅或命令。

接下來的故事講該隱殺亞伯。上帝贊許亞伯的供品，而對該隱的供品施以白眼。該隱怒生殺意，於是不顧上帝事先的告誡，伺機殺了弟弟亞伯，並企圖埋屍滅跡。當上帝問起亞伯下落，該隱先撒謊推搪，後又抱怨上帝懲罰過重。而上帝只在該隱身上做了記號，判他流浪，竟保證有誰膽敢傷害該隱，「必遭七倍報應」。

然而如此心慈手軟的上帝一轉眼就後悔了，走向另一個極端。他宣稱創造是讓自己遺憾的錯誤，竟決定不分善惡地將自己所有的造物從世上抹去。不管人類還是動物，也無論爬的還是飛的。他釋出滔天的洪水毀滅了整個世界後，頗有歉疚地與倖存者們立約，保證「凡有血肉的，不再被洪水滅絕，也不再有洪水毀滅大地。」但很快他再一次毀約，決定來一次小型的無區別屠殺：用冰雹和硫火毀滅所多瑪與蛾摩拉這兩座城。

不過這一次有人跟上帝據理力爭，這個人叫亞伯拉罕。他居然指責上帝：「審判全世界的主，豈能不行正義公理？」語氣之強烈，直指上帝的行爲無異「chalila」——希伯來文的意思是褻瀆，該入地獄。難道亞伯拉罕不知道，正義公理乃是上帝所定？奇怪的是，上帝沒有惱怒，也沒有呵斥或辯駁，而是與這個人討價還價，最終同意城中若能找出十個義人，就不毀掉所多瑪。可是不久，上帝又要求亞伯拉罕殺子作爲獻祭。之後，他還默許雅各使詐行騙，以及雅各子孫的復仇暴行。這眞是一個難以捉摸的神。

從這一系列故事裏，德肖維茨看到的是上帝與人之間交互學習的一幅幅圖景。人類在學習如何做子民，上帝在學習如何做君主。與人類由無法無天轉向依法行事的歷史相伴隨，上帝也在自我設限，並逐漸理解什麼叫做正義公理。事實上，《創世紀》反映的正是以契約爲基礎的人類制度一波三折的崎嶇歷程。

這讓我很自然地聯想起社會學大師埃利亞斯（Norbert Elias）的文明理論。他認爲，文明的進程就是人類自我控制的過程。這種自我控制先是以外在的控制，例如契約、習慣、禮制等方式存在，以後逐漸滲入人們的內心，成爲內在的心理。都說上帝的旨意甚難揣度，然而從德肖維茨對《創世紀》的解讀來看，他的心理並非無章可循。至少，在一次又一次的訂約與毀約中，上帝的行止越來越平和，形象也越來越穩定了。不再那麼狂暴，也不再過於反覆。我們甚至可以說，上帝在自我控制中變得文明了。或許他的心思是，無需親自出手，讓正義公理的制度自行擴展，萬物終將合於天道吧？

08

我看到了！

很偶然地接觸到法國藝術史家達尼埃爾・阿拉斯的作品。當我一口氣讀完《我們什麼也沒看見——一部別樣的繪畫描述集》，我因爲沒有錯過他而感到慶幸。

我是一個繪畫愛好者，偶爾也塗抹幾筆。有一次在何多苓的畫室裏看見幾幅素描，我覺得它們的衝擊力不亞於畫家的油畫作品。但我也知道，這些素描不大可能有展出的機會，因爲它們沒什麼「觀念」。

據說當代藝術的基本特徵就是「觀念」，什麼裝置藝術、行爲藝術，什麼影像、多媒體等等，玩的就是觀念。近些年傳統的架上藝術，特別是油畫行情看漲，可如果你去畫廊看看，滿牆掛著的除了觀念幾乎不剩什麼東西。在繪畫這個圈子裏，沒有符號，沒有觀念，畫家就覺得自己像在大街上裸奔。而一旦有了觀念，畫家就可以自由奔放了。因爲他可以像阿基米德那樣大聲喊著「我找到了！我找到了！」——張曉剛差不多就這樣裸奔了十年，大概還將繼續如此裸奔下去。

簡單責備畫家是沒有道理的，因爲那些粗陋造作的符號與觀念頗有市場。畫家與觀衆之間，形成了類似於劣質奶粉供應商和大頭娃娃的關係。更可怕的是，他們相互依存，營造著當代繪畫的盛世景象。

達尼埃爾・阿拉斯在《我們什麼也沒看見》中提醒觀衆，有些明顯的藝術常識被我們忽略了：繪畫首先是一門「看」的藝術，就像音樂根本上是一門「聽」的藝術那樣。的確，不管郎朗在鋼琴前如何緊鎖眉頭搖擺身體，並不能幫助人們更深刻地理解蕭邦。同樣，如果觀眾不去直面畫作，不重視「看」，那麼關於繪畫的所有討論都是無意義的。遺憾的是，當代畫家並不鼓勵觀眾「看」，只鼓勵人們競拍。評論家和藝術史家也不強調「看」，他們往往用一套套高深莫測的理論將畫作包裹起來，似乎畫布上一無所有，畫家們都是聾啞白癡，而他們則是畫家的法定監護人。阿拉斯在給一個義大利藝術史專家的長信中就表達了同樣的困惑：「我始終不解，爲何有時你看繪畫的方式，偏偏是不去看畫家和作品要給你看的東西？」

阿拉斯在這封致丘儷婭的信中探討的是丁托列托的《被伏爾甘撞見的維納斯與戰神》。故事是這樣的：愛神維納斯與戰神馬爾斯偷情，而維納斯的丈夫火神伏爾甘得到太陽神阿波羅的警示前來抓奸。丘儷婭，這位義大利藝術史家引用了大量的文字資料來證明，畫家是想通過這一神話題材警告剛步入婚姻的女人，甚至教育自己年輕的妻子。阿拉斯被這頂道德批判的帽子搞得啼笑皆非：畫面中的伏爾甘的確發現了赤裸在床的維納斯，姦夫馬爾斯躲在桌子下面準備溜走。但畫中一面類似鏡子的盾牌映射出了即將發生的事情——伏爾甘沒有抓住姦夫，相反，他也被維納斯魅惑了。

當阿拉斯用輕鬆明快的文字將畫作中的細節一一揭示出來，專家們高妙的闡釋顯得何等可笑，似乎他們和可憐的普通觀衆一樣，從來沒有眞正在畫家的作品前佇立過。

在弗朗切斯科・德・科薩的《天神報喜》中，一隻碩大的蝸牛從天使身邊爬向聖母瑪利亞。這隻蝸牛突兀於畫面的最前景，幾乎可以說在觀衆的鼻子下爬行，但很少有人眞正「看」到它。仍然是「觀念」導致了人們對畫作視而不見：古人認爲蝸牛是靠雨露滋養的，所謂「天降甘霖」，瑪利亞受孕於天，有如蝸牛承接天露。那麼很顯然，蝸牛就是瑪利亞的象徵。如此，萬事大吉，那隻黏黏乎乎的腹足綱動物在起了隱喩的作用後就蒸發掉了，整個畫面純潔無瑕了。事實上，阿拉斯就從這隻巨大的乃至比例嚴重失調的蝸牛談起，談到了透視，談到了另外幾幅《天神報喜》的異同，談到了畫家處理宗教題材的方式——當不可衡量之物進入尺度之中，不可描摹之物進入具象之中，科薩的才智令人嘆服。蝸牛哪裏是聖母的化身？蝸牛是觀衆，視力蛻化，只能依靠觸角來辨識事物。

我爲阿拉斯的觀察力所折服，同時也被他揮灑自如的文字以及變化多端的體裁吸引。在《我們什麼也沒看見》中，有書信，有福爾摩斯式的追索，有畫家的心理分析，甚至還有話劇。在《箱中的女人》一章裏，阿拉斯對提香的《烏比諾的維納斯》的分析就像是話劇。他成功地塑造了兩個對話的藝術史專家，一個固執地把提香的畫作看成一個裸體招貼女郎，而另一個企圖矯正對方的觀點，卻在自己的推理中越走越遠自得其樂。

在書中，有一點是阿拉斯反覆強調的，那就是「看」。看清楚作品的細節，看明白畫家的本意，看懂作品的創作環境和歷史背景。阿拉斯之所以強調「看」，正是因爲人們已經不「看」。其實，中國當代繪畫的問題就在這裏。畫家提供給觀衆的是越來越露骨的觀念，卻不提供可資觀看的細節。批評家脫離作品高談理論，過度闡釋的背後洶湧的卻是市場規律。誠實的觀衆已經逃跑，剩下的那些跟蝸牛沒有區別，視力蛻化，反應遲鈍。

連推出阿拉斯著作的出版社好像也對「看」失去了信心。他們把書做得相當粗陋，裏面的彩色插圖印刷得模糊不清，內頁的插圖更是污濁不堪。這倒是很呼應書名：我們什麼也沒看見！

09

帕慕克的小說奧義書

MOUNT INTO BOOKS
Mount into Books
Mount into Books
MOUNT INTO BOOKS
Mount into Books mount into books
Mount into Books mount into books
MOUNT INTO BOOKS
Mount into Books mount into books mount into books
Mount into Books mount into books mount into books

有段時間我不止一次從某些相似的場景中醒來：雪後濕滑發亮的街道，兩側排列著嵌有天藍色門窗的房子。當偶爾可見的高大柳杉將淺淺的樹影投向乳黃色的牆壁，路上的殘雪就映出淡青色的微光。我從未在現實中經歷過如此情境，卻喚起一種近乎鄉愁的複雜感傷。我知道這種情愫因何而來，因為當時我正在讀奧罕·帕慕克(Orhan Pamuk)的長篇小說《雪》。

不僅是《雪》，在不少作品中帕慕克都描繪過這種複雜的感傷。不過，他使用的是土耳其語言中一個獨特的詞：「hüzün」。假如簡單地翻譯成他國的語言，它可以是悲哀，可以是憂傷，也可以稱作淒涼哀婉。但這些翻譯都很難窮盡其意，甚至連帕慕克本人也無法定義。他在《伊斯坦布爾》中將其稱為帝國斜陽式的憂傷，並宣稱自己畢其一生無非是對抗這種憂傷，或者使之成為自身的一部分。這種憂傷如此複雜，根本無法直抒胸臆，而只能借助於細膩的筆調，以及層次豐富的感覺方能引發他人的共鳴。它又如此重要，在帕慕克的文學中具有核心的地位，以至於漢譯者不得不生造出一個新詞「呼愁」來表達。然而我個人覺得，從他的眾多作品中可以看出，帕慕克筆下的呼愁不僅僅指帝國斜陽式的憂傷。更寬泛地講，他所刻畫的憂傷乃是故園難歸的感傷——無論這裏的

「故園」指的是紙面意義上的故國、家鄉，還是隱喻意義上的自我、本性，以及初戀、眞理乃至天堂。

用帕慕克的話說，感傷是一種「偏離了自然的簡樸與力量，過分沉迷於自我的情緒和思想的意識狀態。」其實還不儘然。從更深的含義上講，感傷意味著兩件事，一是分離或分裂造成的痛苦，二是避免分離或分裂的渴望。這使得感傷者不僅對偏離、破裂、差異等現象十分敏感——無論它們屬於現實層面還是心靈層面；另一方面，感傷者對完整、統一、和諧、純粹等目標格外渴求，因爲他們缺少的恰好就是這些。故而帕慕克往往著力表現感傷的豐富與多變，卻又特別在乎天眞的純潔與圓滿，就像他的小說人物凱末爾，試圖用髮卡、頂針、筆、煙灰缸、鑰匙、耳墜、紙牌、手帕等等支離破碎的細小物件去還原一段純淨而圓融的愛情，最終得到的，卻是一個悼念之所，一座令人唏噓的「純眞博物館」。

《純眞博物館》是帕慕克獲得諾貝爾文學獎後創作的新長篇。該書出版之後，他決定找機會總結一下自己的文學旅程，談一談感傷與天眞在其中的特別意義，於是有了二〇〇九年在哈佛大學所做的諾頓演說。六場演說結集出版，書名就叫《天眞的和感傷的小說家》。

「天真的」與「感傷的」，這種二分法的術語並非帕慕克原創，出自弗里德里希・席勒的名篇《論天真的和感傷的詩》。這位偉大的德國詩人認為，詩人可以分為天真的與感傷的兩類。天真的詩人平靜而率真，他們的創作純屬自然流露，無須自省，也不必反思，因為他們沒有自我，與自然融為一體，毫無裂痕。而感傷的詩人卻相反，他們意識到自我並非自然的一部分，其間存在著分離和分裂的跡象。因而他們喪失了孩子般的純真秉性，只能以沉鬱而懷疑的態度承受著無法彌合的分裂之痛。

席勒偏愛天真的詩人，他將荷馬、莎士比亞、賽凡提斯和歌德都劃入此列。然而很顯然，帕慕克認為自己不在其中。他認為，任何小說家都不可能是完全天真的詩人（廣義的），因為他們必然已經意識到了自我與外在的差異。更何況小說本來就是現代才有的藝術形式，它不是對自然和人世的客觀描述，而是「一個關於生活的深沉觀點或洞見」。一個傑出的小說家，無非就是運用各種文學手段，引領讀者在藝術體驗的幫助下去接近那個深邃的中心，神秘的所在。

正如我之前的分析，帕慕克強烈的感傷秉性驅使他竭力追求天真，就像試圖把磁性排斥的兩種物體黏合在一起。令我讚歎的是，他用驚人的才華和高超的技巧，將這種本質上乃是徒勞的黏合轉化成了更加深刻的感傷——沒有玩世不恭的嘲弄，也沒有自我消解的幽默。《天真的和感傷的小說家》就是記錄這一神奇轉化的小說奧義書。

10

人性的證據

在這個星球上，再也沒有什麼生物比人類更著迷於自身的了。數千年前，甚至更遙遠的過去，圍繞著何謂「人性」（Human Nature）的中心議題，人類就展開了無盡的討論。目前看來，這一討論還將繼續下去，似乎永無終結之日。不過坦率地講，相較於人類對外部世界的探索，在漫長的時間跨度裏，人性的研究並未結出多少知識之果。相反，在這一領域，失敗遠大於成功，貧瘠遠勝於豐饒。研究方法的單一，研究工具不趁手，都是造成這一失敗的主要原因。大體而言，人性研究不外乎兩條路。一條叫做內省法，就是直接把人的主觀體驗當作考察對象的研究方法；另一條叫觀察法，也就是考察人的外顯行爲及其結果，從而反證人性的研究路數。內省的方法立意不錯，可惜除了思維本身可以借重，這種方法一直缺少像樣的工具，實際上很難做到眞正地觀照自身。因此在大多數時候，內省法得出的人性知識多是規範性的，不具備實質意義。這就像「人之初，性本善」這一類的道德說辭，它的意思其實是人性應該善良，而不是人性的確善良。儘管具有塑造人性的巨大力量，但是人性究竟怎樣，這類知識似乎不怎麼關心。

長遠看來，規範類知識大量存留於哲學、宗教、倫理等領域當中，成爲人類秩序強有力的黏合劑。其中少數幾個人性的基本觀點還成爲了人類信念體系和社會結構的基礎部分，比如激情與理性，比如欲望和利益等等。但是，眞正對人類的眞實本性有所洞察的不是哲學，也不是宗教，而是文學和歷史。因爲文學和歷史主要關注人類的事實類知識。它們通過觀察的、經驗的，而非抽象的、演繹的途徑去考察人類的行爲及其結果，從而反證了人性的幾個主要特點。例如文學就揭示了人性的多樣性與靈活性。而歷史呢，它發現人類的行爲往往是重複再現的。換句話說，人性還有穩定性的特徵。

有意思的是，往往在人類秩序發生較大變動的時期，文學和歷史才會有新進展，人們才會更多地關注人性的事實，而不是人性的規範。衆所周知，在中世紀的歐洲，社會秩序相對平穩，文化藝術也相應沉悶。到了繁盛的文藝復興時期，秩序變得不那麼穩定了，人性反而顯得更眞實。比如那時候揚帆海外的各國貨船上，約有一半的水手不會游泳。因爲大家都明白，一旦船員失足落水，船長絕對不會掉轉船頭來救他。換作中世紀的領主，這種見死不救有損榮譽的事情多半是做不出來的。這說明，人性雖然穩定，卻非一成不變的天性。

進入啓蒙時代，西方人重建秩序的願望變得越來越強烈，人性討論的聲調也隨之高亢起來。這時候，擺脫了形而上學的自然科學爲這場討論提供了全新的能源。

特別是牛頓的經典力學，它對人性論的影響，有如詩人蒲柏（Alexander Pope）爲牛頓寫的墓誌銘那樣極其深遠："Nature and nature's laws lay hid in night;God said 'Let Newton be' and all was light."（自然與自然法則在黑夜隱藏，/上帝說，要有牛頓！萬物一片光亮。）對牛頓推崇備至的哲學家大衛・休謨（David Hume）就宣稱，他要把人性論改造成一門關於人的科學，並且寫道：「由於關於人的科學是其他科學的唯一堅實的基礎，所以我們能賦予這門科學本身的唯一堅實的基礎必須基於經驗和觀察。」

正是基於經驗和觀察，人類對自我本性的認識有了長足的進步。早在休謨之前，臨床神經科學已經奠基。休謨去世不久，顱相學開始用一套粗陋的方法給頭顱分區，以描述顱腔內大腦不同區域與人性的關係。如今看來，他們荒誕的學說奇妙地啓發了後世的精神病學、心理學和神經科學。到了十九世紀，生理學家、動物學家、解剖學家也一起參與到人性研究的工作中來，取得了空前的成就。特別是二十世紀初，隨著一種叫銀染色法的神經細胞染色技術的發明，更多有天賦的科學家都參與到大腦的研究中。大腦的結構，神經的連接與資訊傳遞等等，都產生了比較可靠的生物學知識。這是大腦結構研究的早期，其中醫學扮演著領導者的角色。

很快，從哲學的地盤中突圍而出的心理學家也加入了這一行列。他們宣稱，觀察人類的行爲，有助於更好地研究人性。他們要做的就是接手一個古老的人性課題，即人是如何認識世界和自我的。然而遺憾的是，直到二十世紀五〇年代，心理學對人性研究所做出的貢獻遠沒有他們預期的那麼大。不過一旦他們認識到，大腦不是一塊任意塗寫的指令牌，一切就大爲改觀了。

促使心理學發生革命的，是語言學家喬姆斯基的生成文法學說。上世紀五〇年代，喬姆斯基提出，語言的習得不可能依靠簡單的刺激與反應就能實現，除非人的大腦中預先存在著一套處理語言的先天規則或結構。（《句法結構》）這一見解像一星野火，幾乎瞬間燃遍了整個社會學科。從此，心理學家和其他領域的科學家一樣，把人性研究的重心從「行爲」轉向了「認知」。

差不多與喬姆斯基的文法理論同時，生物學家對基因的研究取得了重大突破。一九五三年，法蘭西斯・克里克等人發現了ＤＮＡ的雙螺旋結構，而所謂基因，就是ＤＮＡ分子的片段。克里・克等三人因此獲得了一九六二年的諾貝爾生理和醫學獎。

不管是生成文法還是ＤＮＡ結構，它們都把人性研究者的目光引向人類更加遙遠的過去。它們提醒人們注意以下一些極其關鍵的數字和證據：人體的基因總數約有二萬三千個，其中70%的基因表達在大腦中實現。（《進化的大腦》）而在現存的地球生物中，與人類親緣關係最近的靈長類動物是黑猩猩，其基因相似度達到了98.4%。換句話說，從生物學的角度看，獨特的人性蘊藏於1.6%的獨特基因中。更重要的是，爲了這1.6%的獨特人性，人類耗費了六百萬年的演化時間。因爲，正是在六百萬年前，人類的祖先與黑猩猩的祖先在系統發生樹（Phylogenetic tree）上分道揚鑣，從此各自走上了獨一無二的演化之路。

如果說六百萬年前的獨立演化是人性史上的第一個重大事件，那麼第二個重大事件則是生活場景的巨大變化。三百五十萬年前，包括人類祖先在內的猿類一直活躍於非洲的熱帶雨林。但是在此之後，規模龐大、社會化程度較高的猴類逐漸佔據了森林中食物豐饒的核心區域。二百萬年後，猴類的擴張將社會化程度較低的各種猿類徹底趕至森林的邊緣。在那裏，狹小的空間和貧乏的食物進一步限制了猿類的生存。它們中的一部分滅絕了，另一部分被迫到靠近森林邊緣的東非大草原上冒險。

然而猿類的身體條件非常不適應草原上的生活。首先，原本屬於樹棲動物的猿類具有一個視覺優先的大腦，而不具備大多數草原哺乳動物的嗅覺優先的配置。這種視覺優先的大腦結構能夠幫助在樹上生活的猿類較早發現敵人，尋找食物和水源，卻很不適用於開闊平坦的草原環境。它們很難通過眼睛發現天敵，相反，那些嗅覺出衆的動物能夠更早聞到捕食者的氣味，從而逃脫被獵殺的命運。

猿類嘗試用直立行走的方法來解決視野問題，然而這一方法的弊端也很明顯。因爲猿類的四肢更適於攀爬而非步行，緩慢的徒步行走往往只會便宜草原上的大型食肉動物。

靈長類動物天生較弱的情感控制能力也引發了嚴重的生存問題。它們稍有風吹草動就情緒失控吵吵嚷嚷，極易被捕食者發覺。最嚴重的是，多數猿群組織鬆散，缺乏集體防衛能力。所以，除了人類，各種猿類大規模地消亡了，沒有哪一支在東非大草原上存活至今。

幸運的是，人類祖先可能偶然具有更好的大腦可塑性。於是他們重新配置了大腦，以適應嚴苛的草原環境。首先他們增強了大腦皮質。強化的皮質能夠更好地控制產生情感的皮質下區域。隨著皮質控制能力的增強，情感體驗和情感表達的能力也擴展了。接下來，在環境繼續施加的壓力下，大腦皮質與皮質下區域的聯繫也豐富起來。這促使恐懼、憤怒、高興和悲傷等基本情感能夠像顏料盒中的原色，按照不同的比例混合，生成次級情感。而次級情感還可以再度調和，生成好奇、希望、感激、自責、內疚、驕傲等一系列有利於社會化的複雜情感。還能夠合成含有溝通意圖的面部表情和其他身體姿勢。這些東西在塑造自我和人際關係方面具有重要意義。

如此，情感就由個體的自動評估體系發展成了像原始語言那樣的交流工具。它重新鑄造了強健的社會聯繫，提高了社會組織水準，從而幫助懂得抱團的人類在危機四伏的非洲草原上生存下來。

更重要的是，情感的進步爲眞正的人類語言創造了條件。反過來，如同我們今後看到的那樣，意識以及語言的發展也會促進情感的昇華。最終，情感將成爲人類意識的協調中心。它不僅可以跨越記憶、學習、回憶等意識活動的各個層面，還能夠框定和集中資訊，從而爲其他意識活動提供支持。實際上，沒有情感的參與，一個人根本無法將他的意識與行動眞正地聯繫起來。

然而，自然選擇沒有既定的目標。儘管情感爲語言的誕生創造了重要的條件，但是這並不意味著語言就必然會出現。事實上很長一段時間，由於證據的單薄，在很多學者看來，人類語言依然是不可思議之物。不過，考古學家在法國東部城市里昂附近的一次重大發現爲語言的產生提供了有力的佐證。在那裏的一處山崖下，他們找到了大量摔碎的馬骨，數量高達十萬匹。很顯然，十一點五萬年前的人類通過集體協作的方式，將大群的野馬一次又一次地趕上了絕路，逼著它們摔下了懸崖。可以想見，如果沒有語言的幫助，這種大規模協同獵殺大型動物的人類活動很難成功。

語言學家約翰娜·尼科爾斯（Johanna Nichols）也認爲，人類語言正是誕生於那一時期。她運用統計學的方法推算出，語言產生的年代在十萬年以前。儘管這個相當晚近的開端讓不少人大吃一驚，但是現在尼科爾斯的結論基本上得到了遺傳學、考古學和古生物學的一致支持。

語言不僅是符號，它更是聲音。沒有生理結構的支撐，語言沒法運作。喉嚨、舌頭、口腔肌肉、聽覺等，它們形成了一個比鐘錶還要精密的系統。這個耳——口——心三方聯合的生理結構非常複雜，複雜得「簡直不可能存在。」二〇〇二年，德國馬普人類演化研究所的研究證明，這一複雜的系統得益於二十萬年前發生在一個基因上的兩次關鍵變異。這兩次基因突變賦予了人類更高水準的控制口腔和喉嚨肌肉的能力，從而使人類能夠發出更豐富、更多變的聲音。這個名爲FOXP2的基因普遍存在於哺乳動物當中。然而，突變使得人類的這個基因足以與黑猩猩區別開來。

不過，語言的演化不是沒有代價的。爲此人類必須犧牲其他生理功能，甚而付出生命。大多數哺乳動物能夠在呑咽食物的同時呼吸，可是人類爲豐富的發音而「改造」的喉頭卻低陷至咽部，往往會造成食物誤入氣管，導致嗆咳，甚至噎死。據統計，在海姆利克氏急救法（Heimlich maneuver）問世之前，被食物噎死的美國人死亡率高居第四。

當然無論如何，就像我們現在看到的，語言成就了人類。有人說，在現代社會裏，人們崇拜善辯的演說者，喜歡甜言蜜語的色狼，偏愛把父母玩弄股掌的甜嘴小孩，都是因爲語言。地球上的任何兩個人，一旦置身一處，總會交談。如果沒有人可以對話，人們會自言自語，會唱歌，會對自己的小貓小狗乃至玩偶說話，也是因爲語言。動物學家曾經注意到，幼年黑猩猩如果得到有經驗的成年黑猩猩的教導，可以學會用石頭砸開牠們愛吃的堅果，人類的孩子也能通過學習做到這一點。只不過，黑猩猩需要兩到三年才能學會這門技藝，而人類只需要五分鐘。後者之所以顯得更聰明，完全得益於語言。

語言還產生了兩個相互促進的神奇結果，那就是交換與分工。

考古學家格林・以撒（Glynn Isaac）曾經提問，假如黑猩猩能夠接受人類的採訪，牠會把哪一項行爲當作區分牠們與人類的最突出的標誌呢？他自己的答案是：「人獲得食物之後，不會像任何精明的類人猿那樣迅速地把牠吃掉，而是把它運走，然後與他人分享。」實際上，他談到了人類特有的一種互惠性，即交換。

互惠本是很多生物的天性，在猴子和猿類中，這類行爲也大量存在。比如蝙蝠會相互餵食，猴子會彼此撓癢，等等。然而就像亞當・斯密所說：「沒人見過一隻狗會拿骨頭跟另一隻狗公平交換的。」，作爲一種特殊的互惠行爲，人類的交換相當特別。因爲這種交換往往是以物易物。換句話說，交換是用一個有價值的東西換取另一個有價值的東西。而這種行爲恰好和語言一起出現在十萬年前，不是沒有內在聯繫的。

在人類的演化史上，最重要的交換是社會分工。例如用你的狩獵換取我的採集，或者用女人縫補的衣服換取男人打製的石器等等。以物易物的交換與社會工作的分工相互促進，其效果是十分驚人的。它們在語言的支援下，爲人類帶來一連串的躍動。人群的遷徙、地域的擴張、環境的改造，都在此列。人類的人口密度、平均壽命、居住條件等大幅提升，貿易、財富、移民等現象也隨之生成。到了舊石器時代的晚期，交換和分工已經是人類生活不可分割的內容。這一點有考古學的大量證據。例如黑海特產的琥珀出現在俄羅斯中部陸地，大西洋的海豹頭骨現身於西班牙的山洞。最有說服力的證據來自石材生產和運輸。爲了品質較好的石材，舊石器時代晚期的歐洲人願意在長達四百公里的距離裏往返載運。同樣在這個時期，除了南極，地球上幾乎所有地方都有了人類的足跡。沒有交換和分工帶來的資源上的全面配置，這一切都不可能發生。

古生物學家從解剖學的角度也拿出了證據。他們發現，多數動物的攝食行爲與牠們的生理結構存在明顯的對應關係。比如狼、老虎這類食肉動物，牠們的食物營養均衡又豐富，也很容易消化。但是獵物不僅會逃跑，還會反抗，捕獵得耗費牠們大量的能量。所以食肉動物在適應過程中形成了較簡單的消化道：腸胃小，比例上以利於吸收的小腸爲主。素食動物則不同，牠們的食物既不會跑，更不會反抗，但是營養不豐富，且不易消化。例如樹葉根莖，不僅含有大量的植物纖維，還有抑制消化的成分，乃至毒素。這就要求素食動物的腸胃容量更大，功能更複雜。就像反芻的牛羊，需要好幾個胃。

那麼人類的消化系統偏向於哪種情況呢？常識告訴我們，人是雜食動物。但是，考察過早期人類的牙結石和糞便化石後，學者的結論是一致的：人類屬於偶爾食肉的素食動物。問題在於，人類的腸胃出奇的小，與人類高代謝的大腦、心臟、肝臟、腎臟等器官不成比例，總品質也只有同體型的其他靈長類動物的六成，並且小腸占了總尺寸的三分之二。總之，從現有的生理結構看，人類更適宜食肉。也就是說，人類的消化系統在生理與功能上都發生了很大的改變。

部分原因可能是消化功能「外化」了。人類有靈巧的手，能夠製造和使用工具，特別是懂得利用火。這些本領運用到加工處理食物方面，有效緩解了消化系統的壓力，甚至對腸胃和牙齒的構造產生了長遠影響。但是，這個答案並不完整。大腦擴容很可能也是消化系統縮小的原因之一。隨著耗能驚人的大腦佔據了人體更大的比例，相較於更重要的生理系統，例如循環系統、呼吸系統等，消化系統中的腸胃被迫「縮編」也在情理之中。

可是，消化系統縮小帶來的風險肯定是巨大的，它導致早期人類不得不採取邊走邊吃的攝食策略。據考古學家推測，這一生存方式極可能存在了數百萬年。然而人類一邊走，卻保證不了一邊吃。食物匱乏，覓食還要消耗能量，稍有失誤就得忍饑挨餓，這樣的處境逼迫人類不斷改進策略。首先，人類認識到食物多元以及合理配置的重要，它能最大限度地保證人類在覓食中不至於一無所獲。更重要的是，人類有了語言，逐漸懂得了食物獲取的專門分工，以及食物分享對彼此的巨大好處。

正如我在文章開頭所言，人類是一種著迷於自身的生物。關於人性的議題，我們還將不斷地探討下去。令人欣慰的是，如今人性的證據越來越客觀，也越來越豐富了。它們也許還無法像基因圖譜那樣給出人性的完整量表，但已經勾勒出了人性的大致面貌。要知道，這些證據在幾個世紀前，甚至在五十年前都還是猜測。

11

提線木偶尋自由

儘管在現實面前我們不時就範，但依然相信，總有一些事情我們可以自己做主，總有一些時候能夠按自己的心意行事。這樣的信念，讓我們感到安心。從最樸素的意義上講，這就叫「自由意志」（free will）。然而當哲學家追問，那麼我們究竟是不是眞正在自由的行動呢？樸素的問題變得複雜起來。

在哲學領域，關於自由意志的討論持續了兩千年。亞里斯多德、奧古斯丁、阿奎那、笛卡爾、休謨、洛克、萊布尼茨、康德、伯林，這些哲學大家都探討過這一問題。在這方面深有研究的哲學家諾齊克（Robert Nozick）表示，他花費了大量的時間和精力，最後還得承認，「自由意志是最令人頭痛、最難以把握的問題。」

當然，並不是所有的人都覺得這個問題有多麼難解，特別是神經科學家們。他們秉持一個共同的觀點：「我即我腦」，並一致認爲，要想找到自由意志，就得先找到可能產生自由意志的大腦結構。沒有結構，何來功能呢？

過去三十年，認知神經科學借重心理學、神經醫學、神經胚胎學、神經解剖學、大腦成像技術等學科的力量，將我們對大腦的認識推向了一個前所未有的高度。站在這個知識高地上，神經科學家高調宣稱：自由意志根本是幻覺！

對於自由意志論者而言，這當然是一個不能接受的結論。對於普通人來講，它也著實尷尬。難道我們都是提線木偶嗎？沒有自由意志，兩個人的相愛還叫做心甘情願？沒有自由意志，豈不是說殺人放火都是身不由己？

面對這些困惑，邁克爾・加扎尼加（Michael Gazzaniga）說別急，且聽我慢慢道來。身爲「認知神經科學之父」，加扎尼加被《紐約時報》譽爲腦科學研究領域的霍金。二〇〇九年他在蘇格蘭愛丁堡大學的吉福德講座上做了一個爲期兩周的系列講演，中心議題就是自由意志的有無。該演講現結集成書，題爲《誰說了算：自由意志的心理學解讀》。

表面上看，跟其他神經科學家沒什麼不同，加扎尼加的結論同樣是：自由意志是一種錯覺。他說我們的人腦裏沒有一個縮微版的自己，像電影《黑衣人》裏的迷你外星人那樣，躲在腦殼裏操控一切。相反，人腦是一個高度複雜的並行分散式系統，就像互聯網那樣，沒有一個統一指揮的最高長官。多數情形下，人腦的運行是純粹自動化的，不需要意識的參與，更不需要自由意志這個觀念。例如心臟的跳動、肺部的呼吸、體溫的調節等等。但是，大腦中還有不少系統卻是半自動化的，它們要不斷地收集並回應外界的資訊，以便自己隨時調整運行狀態。這些系統相互競爭，一起爭奪「注意」這一系統的關注。只有獲得關注的贏家才可能從支撐意識體驗的神經系統裏浮現出來。

為什麼我們沒有察覺到，相互競爭的系統在大腦裏吵成一片？這是因為支撐意識體驗的神經系統裏有一類專門的「解釋器」。它像足球場外的解說員，針對感覺、記憶、行為及它們之間的關係，負責向個人提供一種統一而完整的故事。就像「意識流」這個詞描述的那樣，解釋機制讓我們每個人的意識順滑流暢，有如綿綿流水一般。

既然是解釋機制，也就是說它只承擔事後合理化的功能，神經科學家已經證實了這一點。他們運用電位測定和核磁共振等技術測試大腦的活動，結果發現，大腦總是先行動，之後才把該行為「通知」給意識系統的解釋機制。有時候，大腦對一個行為傾向的結果進行了長達十分鐘的編碼，然後才把它交給產生意識的神經系統。

於是不少神經科學家指出，我們其實是將解釋器對行為的事後合理化誤會為自由意志了。事實是，行為根本不需要自由意志來做動力。好比你拿起水杯三百毫秒之後，解釋器才告訴你：「我要來一杯冰水，而不是熱茶。」這可能是一種心理上必要的幻覺，但絕對不是行為的內在動力。

眞是這麼簡單嗎？不。在這一點上，加扎尼加沒有他的後輩同行們那樣激進。他認爲，宣稱大腦中沒有自由意志，實際上犯了一個還原論的錯誤。對因果關係的過度迷信，使得這些人沒有認識到，大腦雖然是產生意識的「場所」，然而意識作爲一種突現的特性或現象，不能簡單地看成大腦的分泌物。實情是，意識以及有意識的行爲是多重精神狀態與複雜的環境合力互動的特定結果。只有在各方角力分出勝負後，解釋器才宣佈，我們自由地做出了選擇。

在書的後半部分，加扎尼加沒有清晰地說明，他論述的重點其實已經從自由意志這一觀念轉向了實質上的自由。實際上，他強調的是人類在長期進化過程中產生的個體與群體進行互動的機制。它沒有特定的結構，而是大腦的很多神經回路必須遵守的方法。它是一種協定，一種演算法，一種規則，一種運作方式，沒有藏在大腦的某個神秘的角落。這一番解讀已經與伯林所說的消極自由有著很相似的特徵。因爲最終他們都力圖證明，自由一直是人類的本質，以及可追求的價值。我們既不是決定論的，也不是自由意志的提線木偶。

12

葡瓜的酸澀預言

「中國化的日本」？如果你在書店裏看見這個書名心中竊喜，並且不由自主地向它伸出手去，那麼你要當心了。

要當心什麼？難道書中有毒蛇猛獸出沒，遍佈荊棘陷阱？老實說，都沒有。不過，如果你不能先檢討一下你心裏的那一絲莫名竊喜，的確有撞到可怖幻象的危險。

關鍵是「中國化」太撩撥人的情緒了。乍一看這這幾個字，我就想日本人會不會把它和殖民化等同起來，而某些中國人大概已經「夢」到了那一輝煌時刻。無論如何，給一本內容還算嚴肅的作品安上這樣的標籤，我覺得作者與那霸潤可貞是年少氣盛。

單名一個「潤」字的與那霸先生，一九七九年生於橫濱。三十四歲的年齡，在歷史學家中絕對屬於楞頭青。他明言，他筆下的「中國化」指的不是日本與中國之間明爭暗鬥的現實，而是「日本社會的狀態與中國社會的狀態相似」的可能。並且，他所指的中國社會，既不是現當代的中國，也不是一千三百年前的隋唐，而是特指一千年前左右的宋代。所以，本書的副標題爲「日中『文明衝突』千年史」，大概就是這個意思。即便他做了如此解釋，假如只把此書讀了一半，我還是會認爲作者有聳人聽聞的嫌疑。

那麼，在與那霸潤看來，宋朝到底有什麼了不起的東西，足以凌駕於隋唐以及之前的歷朝歷代，而對日本文明意義重大呢？答案是「社會體制」。他認爲，宋朝的中國發明了一套完全不同於過去的全新體制，從而成爲一個眞正「劃時代」的王朝，甚至造就了一個迥異於華夏傳統的中華文明。

這是一套「可持續的集權體制」，其主要特點有兩個。一個是全面施行科舉，利用這一官僚選拔考試推行普世的儒家道德，徹底廢除貴族制，實現皇帝大權獨攬的獨裁政治；二是促進社會身份的平等化以及經濟的自由化，同時維持皇權對政治秩序的絕對支配。這兩個特點既有側重，又相互關聯。與那霸潤認爲，宋朝首創的這套政治專制、社會放任的體制對整個世界歷史都具有深遠的影響，甚至可以在今天美國倡導的新自由主義與全球化浪潮裏看見它們的影子。

儘管自廢止遣唐使起，日本已與中國拉開距離。但直到宋朝建立全新的社會體制，日本才和中國有了根本的分歧。與那霸潤認爲，紙張和印刷的雙重匱乏是日本仿效科舉的主要障礙之一。另一個障礙則是以物易物的農業經濟。標誌事件是西元一一八〇年至一一八五年的源平合戰。經此一戰，獲益於日宋貿易，並試圖引進宋朝社會體制的「平家」武士集團敗給了代表保守貴族和領主利益的「源氏」武士集團，院政時代終結，幕府統治確立。日本從此走上一條與中國完全相反的文明之路。就日本自身而言，宋朝確有隋唐不可比擬的重大意義。

與那霸潤用不少篇幅來刻畫與宋朝已有六百年之隔的江戶時代，就是想說明日本的社會狀態究竟多麼特別。他認爲，放棄貨幣經濟，沿襲貴族和領主制的江戶時代，是一個安全而不自由的身份制社會，一個以封建和家庭爲囚籠的靜止社會。

將人們牢牢固定在一個不流動的、均貧的、靜止的社會裏，對於日本人津津樂道的江戶時代，與那霸潤明確表示「感到厭惡」。其實，經過紛亂慘烈的戰國，歡迎相對和平的時代，時人的心態本可理解。不過，與那霸潤認爲，江戶時代爲此付出的代價太高昂了。一方面，舊有的身份制導致社會缺乏活力，經濟難有起色。另一方面，統治者爲了應對社會的普遍貧困，不得不更加壓抑社會的活力。繼而造就了一個就低不就高的、你窮我窮大家窮的社會狀態。與那霸潤很乾脆地將其斥之爲「朝鮮化」。他憤憤地說：「鄰國六百年前就已經廢除的身份制我們卻一直維持不變，這除了說明有病還能說明什麼？」在這位年輕的歷史學家看來，從那時候起，日本一直就在「朝鮮化」（江戶化）與「宋朝化」（中國化）之間搖擺，直到當代。

與那霸潤對日本歷史的概括既新穎又粗率。不過，讀完本書的後半部分我就能夠理解他的用心了。他要闡釋的對象是當代的日本社會，他初設的閱讀對象是當代的日本國民——中國讀者就別意淫了。為了這個目標，沒有歷史觀的更新是無法實現的。當然，這位年輕學者的野心不止於此。很顯然，他認為，不能成功預言未來的歷史學家不是好的歷史學家。因此，《中國化的日本》一書裏隨時可見法蘭西斯・福山（Francis Fukuyama）的陰影。

書中另一個陰影來自日本小說家星新一。這位小說家在他的短篇小說《鼠獅》中講過一個故事：一位動物學家混合松鼠和獅子的基因，創造出了鼠獅。此物平素友善可愛，遇到敵人卻勇猛無敵。動物學家的朋友是植物學家，看到鼠獅深受鼓舞，決意要將葡萄和甜瓜雜交，培育碩果累累的鮮美新品。哪知道事與願違，最終結出的卻是缺點與缺點的集合——大小如葡萄，形狀味道似甜瓜的「葡瓜」。與那霸潤覺得，日本最可怕的未來就是江戶化與中國化的雜交，如同這葡瓜之喻。

就此而言，作為預言者的歷史學家，與那霸潤比世故的福山更具悲劇意識。不知道再過些歲月，年輕的歷史學家有無改變。

13

別讓直覺成錯覺

普林斯頓大學的榮退教授丹尼爾・康納曼(Daniel Kahneman)，由於「將來自心理研究領域的綜合洞察力應用到了經濟學當中，尤其爲不確定狀況下的人爲判斷和決策做出了突出貢獻」，獲得了二〇〇二年的諾貝爾經濟學獎。不過假如《快思慢想》沒有成爲《紐約時報》二〇一一年的年度十大暢銷書之一，估計他的名聲將一直局限在專業領域之內。因爲就我所知，他和阿摩司・特沃斯基（Amos Tversky）等人合著的《不確定狀況下的判斷：啓發式和偏差》幾乎涵蓋了《快思慢想》的各個主題，並沒有引起圈外讀者的多少反應——二〇〇八年的中文版同樣如此。

其實，《快思慢想》與康納曼的其他著述的核心思想是共通的，只不過它的目標讀者就是普通大衆，故而相當通俗而已。那麼，康納曼的核心思想是什麼呢？可以用一句話來概括：「別讓直覺成錯覺。」

早在一九五五年，二十一歲的康納曼就感到直覺不可靠。當時他是以色列國防軍的一名陸軍中尉，負責給全軍建立一套心理評測體系。年紀輕輕康納曼就擔此重任，實在是因爲軍中無人。那時的以色列建國才七年時間，而一個心理學的學士學位，足以保證他成爲軍中最訓練有素的心理學家。

康納曼承擔的第一項任務是對入伍新兵進行心理素質測試。通過評估士兵們的個性特點，來確定他們的作戰適應性。最終依據評估結果，將他們分配到最適合的兵種，比如步兵、炮兵和裝甲兵等等。然而在開展工作時康納曼才發現，他手下的那些面試官們都是女性，並且多數還是不必參戰的新兵。她們經過短暫的培訓就上了崗，卻要在十幾分鐘的時間內去決定一個士兵的命運。康納曼認為，這樣的評估幾乎是徒勞的。

於是康納曼想嘗試一套新的方案。他用一個包含責任心、社交能力、男子氣概等六項個性特徵的表格，加上一個與作戰適應性相關的特定公式，組合成一套標準化的試題，來替代過去那種描述性質的整體評估。可是沒想到，新方案遭到面試官們的一致抗議。她們對這位年紀相當的青年上司抱怨，這樣的評估方式將把她們變成毫無情感的機器人。沒辦法，康納曼只好妥協，允許她們按照新方案完成評測後，「閉上眼睛」運用直覺判斷。結果令人驚奇，這時候直覺得出的結果與新方案的公式計算一樣準確。由此康納曼得出了他一生中第一個重要結論：不能輕易拋棄直覺，但也不可簡單地相信它。在判斷人和事的時候，直覺可能起積極的作用，然而前提是你已經在特定時間內搜集到了必要的相關資訊，就像康納曼對面試官們提出的要求那樣。因為這種情況下，你至少不會做出「我看到了他深邃的眼神，我喜歡自己看到的一切」這類的主觀判斷了。

一旦相關資訊，特別是框架資訊有誤，哪怕是專家也會犯直覺錯誤。這一點，康納曼也是在軍隊中體會到的。除了入伍新兵的測試，他還做過軍官培訓專案的評估。有一項任務是讓八名士官將一根原木拖過近兩米高的牆。其間每個人都必須在不碰到牆的前提下翻過去，並且原木也不能觸及牆或地，否則任務將從頭再做。

然而要成功完成這個任務難度不小。士官們事先都摘除了軍銜，彼此互不認識，身上只有數字標籤以供辨別。換句話說，這個必須依靠合作才能成功的團隊中沒有指定的領導，也沒有固定的下屬。因此失敗乃是常事，惟有不斷重新開始。卡尼曼所做的，就是觀察這一過程，記錄誰在指揮，誰在服從，誰又在試圖領導時被其他人拒絕等等行爲。他還要測試這些士官在壓力下展示出來的天性，哪些人固執，哪些人順從，哪些人自負，哪些人暴躁，哪些人容易氣餒，哪些人根本就是逃兵。

經過這些測試，康納曼信心十足地對士官們的發展前景給出了明確的預測。可是，當這些人返回部隊或上了戰場，幾個月後他收集到的回饋卻證明，那些預測比憑空猜測強不了多少。原因很簡單，當時他在一個模擬的場景中所做的判斷，與士官們未來將要面對的現實場景存在很大的差異。將經驗轉化爲行動，這就是專家的直覺。然而問題在於，經驗往往也會帶來自信的過度膨脹，導致直覺成了偏見。須知，經驗只是對過去的總結，而未來並不在經驗的範圍之內。

康納曼認爲直覺不可靠的根本原因在於人類有限的認知能力。在他看來，人的思維模式大體可分爲兩類：系統一與系統二。系統一是一組自主運行的認知程式，具有快速、低耗的特點，短處是易犯系統性錯誤。而系統二則是一組自覺運轉的認知程式，擅長精確控制和複雜運算，但是速度慢，耗能高，還有些懶惰。

通常情況下，系統一可以依照一定的模式，輕鬆地向系統二提供感覺、印象、意向等資訊。系統二也會順利接受它們，並將資訊轉換爲指導行爲的信念。反過來，這些信念又會成爲系統一運行模式的參照係數。只有當系統一的運轉出現阻礙時，系統一才會啓動系統二，讓後者充分動用能量和注意力，去按部就班地解決問題。比如回答一道13×79之類的算術題，或者設計一個心理測試體系。

但是在有些情況下，系統一會滿足於輕鬆自如的狀態，根本意識不到它已然犯了錯誤。因爲它只會按照它所設定的熟悉模式運轉。在這些模式構成的世界裏，太陽從東方升起，水往低處流動，小狗不會喵喵叫，小鳥沒有三隻腳。與此同時，由於運轉慢耗能高，「懶惰」的系統二會疏忽對系統一的審視，甚而編造故事，充當系統一的辯手。當這兩個系統一起犯錯時，人們的認識就會出大問題。

康納曼的建議是，盡可能爲系統一提供更多更好的框架資訊，用系統二對系統一進行「事前驗屍」一般的清單式檢查等等，能夠有效地強化認知能力。不過他在書中也悄悄承認，儘管這些建議可以幫助人們過上正確而美好的生活，眞要做起來卻是很難的。否則，他完全沒必要用厚達四百頁的鮮活故事來證明。

14

伯林的頌詞與輓歌

《個人印象》初版於一九八〇年。三十三年後，當它以中文簡體字的模樣出現在中國讀者的書架上時，它所傳遞的資訊還能符合作者以賽亞・伯林的初衷嗎？我信心不足。

三十三年前，伯林說《個人印象》收集的文章類似於十八世紀流行的頌詞，即紀念逝去名人的公開演講。那麼，什麼樣的人值得他獻上衷心的稱頌？伯林不曾明言。不過，他一再提及的詞可能是關鍵，那就是「希望」。他提醒讀者，對於生活在二十世紀三四十年代的人們來說，希望之光何其珍貴。當史達林、佛朗哥、墨索里尼、希特勒以及大大小小的獨裁者將世界污染得漆黑一片之時，帶來那一線光明的人又是何其英雄。

《個人印象》完全可以當作伯林的英雄頌歌。但是，它絕非公共場合的流俗應酬，而始終飽含伯林的個人旨趣。在他的心目中，英雄是拯救希望的人，譬如富蘭克林・羅斯福和溫斯頓・邱吉爾，也是培育希望的人，就像以色列的首任總統哈伊姆・魏茨曼。在他的心目中，英雄是揭示眞相的人，譬如科學家愛因斯坦、哲學家J. L. 奥斯丁，還有戳破幻象的人，比如寫出《美麗新世界》的奧爾德斯・赫胥黎。他也把頌歌獻給那些熱愛希望的人，他們同樣是伯林的英雄，包括作家維吉尼亞・

伍爾夫、評論家艾德蒙・威爾遜和好友莫里斯・鮑拉，還有那些爲了希望，甘願在塵世承受折磨的人——詩人帕斯捷爾納克、阿赫瑪托娃、曼德爾斯塔姆等等。在伯林的心中，他們都是爲了希望而不被聲名腐蝕的英雄。然而，在今人的眼裏，希望的內容已然模糊。

就像形容好友鮑拉的那樣，伯林把希望看做「一股強大的解放勢力」。它促使人們熱愛溫暖、光明和自由，憎惡一切損害身體、精神、道德和政治的陰冷和黑暗。他理解希望，尊重希望，更喜歡人們因熱愛希望而生的性情，慷慨、熱情、寬仁、敏銳、智慧，以及綜合而成的毫不纖弱的力量。而這些吸引伯林的特質，熟悉伯林的讀者可能發現，往往在他自己身上也能見到。

《個人印象》再度呈現了伯林在文學上的造詣，其水準不亞於《反潮流》和《俄國思想家》。強大的移情能力依然是伯林最特別的稟賦。它在深入的傾聽與精到的言說間架起了暢通的橋樑。這使得伯林刻畫的人物總是那麼元氣淋漓，閃耀著人性獨有的光芒。他是如此擅長傾聽，書中他曾回憶起一個波蘭軍官與他對飲至深夜仍不願離去，跟進他的臥室，坐在他的床前獨白至翌日的經歷。他又是如此擅長發現。他寫到自己與從未成爲密友的歷史學家路易斯・納米爾（Lewis Namier）長期定時見面，以便交流興趣和思想。即使在他著手唯一的專著《卡爾．馬克思》時，他也願意傾聽納米爾對馬克思全面的攻擊。在後者看來，馬克思不過是一個被仇恨蒙蔽了眼睛的微不足道的歷史學家和毫無價值的經濟學家，根本不值得伯林關注。然而伯林竟然從那些極端偏頗的言辭中發現了納米爾與馬克思的共同之處：驕傲、自負、聰明、尖刻，還有對教條的蔑視和厭憎。

諾爾．安南在本書的序言中將伯林比作一位點彩畫派畫家，用一連串的修辭在畫布上塗抹。我認爲這一比喻並不貼切。點彩畫派只用四原色來做色點的堆砌，然而伯林的畫筆絕對沒有那麼單調。就像《個人印象》這一書名給出的啓示，他是一位善於捕捉情景光影的印象派，筆觸活潑而跳躍，呈現出來的畫面鮮活而明亮。

一九七九年，伯林獲得耶路撒冷文學獎。他的獲獎感言經過精簡，作爲跋附在《個人印象》之後。在這篇跋文裏，伯林談到了他的移情能力源自何處。他說，當人們抱怨孤獨時，他們的意思是沒有人能理解他們所說的話。而被人理解，就意味著分享共同的情感和語言。這是人類不可或缺的情誼，一種人與人之間的友愛感。毫無疑問，伯林的移情植根於此。

在跋文裏伯林感歎，在他度過一生的世界裏，友愛的情感已經變得越來越稀薄和抽象了。從這個意義上講，《個人印象》不僅是頌詞，也是輓歌。也許，一位讀懂此書的讀者，或可讓逝去的伯林略感欣慰。

第二輯

INDUCTOR ENERGY (ener
VCO 1 0 DC 90
L 1 2 200MH IC=0
S 2 0 5 0 SMOD
D 2 3 DMOD
R 3 1 20
VCONTROL 5 0 PULSE(-10

SMOD VSWITCH(RO

01

當獅子奔向螃蟹，蠍子蟄向天秤

最近一直在讀鐘鳴的《畜界，人界》（修訂版）。以前讀過舊版，裏面的內容還記得幾分，但是偷懶的概括有什麼意思？要想重溫那種感覺，不如一頭紮進茂密的詞語中。

然而，《畜界，人界》依然是難以名狀的，像書中不斷變幻屬性的神獸，總想從把握中掙脫。在這種情形下，我告誡自己，同時也提醒讀者，在閱讀或評論此書時，需要冒險的好奇心，還得要有一點盲人摸象的自覺，一些緣木求魚的勇氣。

《畜界，人界》，你可以名之爲隨筆，也可以稱之爲小說，當然也可以說它是志怪或者神話，無可無不可。我個人認爲，重點不在這裏，因爲鐘鳴文體的模仿者不少，他們把奇崛的形式學到兩三成，即可贏得驚歎和讚譽。重點在於，無論你如何定義它，或與衆多模仿者相比，有一個要素是應當放置在前的，那就是「有趣」。

鐘鳴的寫作向來追求有趣。他說，自己讀書挑剔，只揀有趣的看。所以「將心比己」，當他爲別人提供閱讀時，很自然地要求自己把書寫得有趣，以免甫一問世即被扔進垃圾堆。可是什麼是有趣？或者說，趣味究竟來自哪裏，就像佳餚依靠的是什麼食材，何等廚藝，人們未必抓得到要點。在隨筆集《太少的人生經歷和太多的幻想》裏，鐘鳴認爲自己的寫作依靠兩樣東西，那就是熱情和想像力。不過，那是上世紀九〇年代。在我看來，經過多年的洗練，他的熱情似乎在發生轉變。相較而言，想像力在他的寫作中的重要性愈加凸顯。換句話說，鐘鳴所說的「有趣」與「想像力」雖然不完全等同，卻是大有關係。

翻開《畜界，人界》的任何一頁，都會驚歎鐘鳴的想像力——《春秋來信》、《吃鐵的動物》、《叩頭蟲》……每一篇都值得細讀。可是，要評論想像力本身卻是困難的。鐘鳴感歎，如今人們遙望星空，看不見獅子奔向螃蟹，也看不見蠍子螯向天秤。因爲我們越來越趨向於用客觀化的眼光看待世界，不再認爲那些星星與其他迥然不同的事物間存在什麼關係。他說到了最根本的問題——「想像」就是用思維將不同事物聯繫在一起，而「想像力」則是將它們聯繫起來的能力。「在一粒沙子裏看見宇宙，在一朵野花裏看見天堂」，這就是想像與想像力。

鐘鳴說，中國最早亡掉的就是想像力。借榮格的話，他驚呼：「東方直觀得過火了！」這種直觀一直在坑害中國文化，並導致想像力的過早衰竭。他所說的「直觀」，其實就是無趣，就是沒有想像力，歸根結底，那是將事物與事物之間的關係一成不變固化下來的思維方式。

這讓我想起頗受鐘鳴喜愛的中世紀典籍，以及研究中世紀的權威赫伊津哈（Huizinga）。赫伊津哈在《中世紀的秋天》中專闢一章來討論想像力，標題就叫《想像力的衰竭》。他認爲，象徵手法幾乎是中世紀思想的命脈。通過象徵，中世紀人從萬物的意義聯繫中看待萬物。這種普遍存在的想像，使得他們的思想世界熠熠生輝。但是，一旦人們機械地看待萬物間的關係，將事物分門別類，納入邏輯體系，他們的思想就失去了生機，夜空中閃耀的就不再是神靈，而是術語和理念。這種貧乏的想像導致了兩個結果。一個結果是無休止的計數——罪人受十二種錯誤的蒙蔽，其嚴重性可用七種觀點來衡量，每個觀點又可細分到八種或十四種等等。另一個結果則是虛無——要麼是形容詞的無限疊加：「上帝」超級慈悲、超級威嚴、超級明亮、超級無所不能、超級英明、超級光榮，要麼是徹底地不可言說，徹底的神秘主義，反智、沉默、虔敬、靜居獨處。

只要稍微留心，就會發現我們的現實也呈現出中世紀的晚期症狀。一方面極其喧鬧，但語言空洞雷同。另一方面奉眞誠爲至尊，感傷兼自我感傷。顯然，鐘鳴較早覺悟到了，並看到了戕害想像力的兩種危險：計算與虛無。所以在《畜界，人界》裏我們發現，老鼠用粉紅骯髒的腳給自己加冕，蘇格拉底與獨角麒麟存在隱秘的聯繫，叩頭蟲形如大豆發出唯唯諾諾的聲音，耶穌幻化萬物卻可能是一隻類似羊的植物。鐘鳴究竟在做什麼？現在我們知道了。他在寫作中所做的，就是打破人們觀念中僵化了的事物與事物之間的關係，並且嘗試著再造它。

「嘗試著去做」（try to do），鐘鳴認爲這是當初蒙田杜撰隨筆（Essay）一詞的本意，也是自己寫作的首要標準。這個標準，當然與想像力緊密相連——沒有再造事物關係的熱情和勇氣，也就談不上想像力。因爲想像本身就是一件冒風險（甚至風險極大）的事情。

要打破與再造事物之間的關係，鐘鳴針對的首要對象是語言。他承認，當初最大的挑戰和苦惱都是語言意義上的。從一九九〇年算起，《畜界，人界》的寫作跨度相當長，足以檢視鐘鳴在語言方面的努力。他將慣有語句擊得支離破碎，然後用自己的方式重新黏合它們，呈現出了詭奇的風格——儘管他對胡適不無微詞，對平白的《嘗試集》也是相當不屑，但是從「嘗試」的語言意義上講，他們是共通的。《畜界，人界》的有趣當然是多重意義上的，不止語言，不止文風或內容，只是我難以道盡了。照鐘鳴的計畫，《畜界，人界》不過是象罔三部曲的第一部，轉眼二十年過去了，另外兩部《色界，物具》和《鬼界，地獄變》尚在擱淺中。作爲他的讀者，我當然希望他有更多的嘗試。相信會有更多讀者和我一樣，借助他的想像力，讓自己的思想世界大爲不同。

02

抵禦盛世的誘惑

魏斐德（Frederic Wakeman，Jr.一九三七～二〇〇六）是聲名卓著的近代中國史學家。他的著述往往在理論與實證相結合的基礎上展開宏大敘事，向來被學者們譽爲學術的典範。例如他的《洪業——清朝開國史》以及《間諜王——戴笠與國民黨特工》（江蘇人民出版社）均是這樣的經典。相比之下，剛剛出版的《中華帝制的衰落》（黃山書社）只是一本小書。不過，當盛世的話語籠蓋四野，以往被埋葬的意識形態幽靈紛紛從地底爬出來，撩撥人們的神經，要求給它們更滿意的解釋，讀一讀魏斐德的「小書」，亦有清心明目的感覺。

表面上看，那些爬出墳墓的幽靈只有一個核心訴求，就是找到中華文明衰落的合理解釋。然而這種訴求的背後，動機並不單純。明眼人或許能感覺得到，幽靈們舊話重提，其實包含著這樣一種現實判斷：中國近百多年來的屈辱史不過是興衰更替中一段不甚愉快的插曲，如今是到雄風重振的時候了。於是人們看到，論中國GDP全球過半的，談科技領先的，說秦皇漢武的，大家都顯得意猶未盡——再度熱鬧起來的中西文明比較，不再是爲了找到劣根，而是爲了證明優勢。

幽靈們開始羨慕，乃至大聲讚美舊日的史家。因爲在那些傳統的學人眼裏，根本沒有中華衰落這一說。在他們看來，時間從來不是一支射向靶心的羽箭——它是螺旋式發展的，沒有終點。王朝有更替，天下有興衰，但是整體而言，天下大勢無非「分久必合，合久必分」，無非「一治一亂」，周而復始，無盡無窮。這種天命循環或者「治—亂」的觀念，既是傳統中國最重要的政治概念，也是千百年人們的歷史觀。可惜鴉片戰爭打斷了如此完美的循環，中國人輕率地接受了線性的時間觀，把過去的歷史按照「進步」的標準重新做了安排。「生產力—生產關係」的理論框架成爲各種歷史分析的大背景，經濟變遷則成爲歷史研究的中心。圍繞著這個中心，人口、生產資料、勞動生產率、科技水準等經濟因素受到前所未有地重視，商業社會、資本主義萌芽、產業革命等等概念也爲人們熟知。再加上階級鬥爭論的壓制，王朝更替的學說徹底失去了市場——按照馬克思主義歷史學家的說法，封建王朝簡直是一頭飽受鞭撻的愚笨巨獸，在農民戰爭的烽火中蹣跚而行，直至轟然倒地。而今盛世幽靈們要做的，就是摒棄食洋不化的理論，把當代的榮光與千古不墜的天命聯繫起來。

很顯然，《中華帝制的衰落》的論調肯定會讓幽靈們憤怒，因爲魏斐德毫不含糊地用「天命已盡」來譏諷王朝更替說。他明快地勾勒了帝制中國的大部分歷史，並對其中的幾種關鍵角色予以了刻畫。他們分別是皇帝、紳士、商人和農民。皇帝居於權力的頂部，集各種身份於一身。做爲「天子」，他是皇親貴冑的至高代表，又是官僚體系的最高領袖。紳士處在中層，他們在權力體系中充當官僚，又在地方政治裏擔任管理，同樣具有雙重身份。農民是整個社會的基礎，在風調雨順的時候維繫穩定，在天災人禍當中揭竿而起。而身份低下的商人即便在明清時期逐漸扮演起重要的角色，但是缺乏獨立地位使得他們仍然要在夾縫中求生存。

接下來，魏斐德更多地著墨於晚期帝國的病徵。他認爲明清衰落的原因是複雜的，但是重要的因素清晰可辨。首先是皇權的極度膨脹打破了固有的權力平衡。自元以來，紳士地位一路下滑，專制統治得不到有效的節制。到了明朝，先是宰相制度遭廢，之後宦官干政，秘密警察横行，更是紳士政治失勢的明證。於是在官場上，紳士們拉幫結派，與宦官狼狽爲奸以求自保；地方上他們則以中央政府爲代價，拼命壯大自身實力。這樣的結果就是，皇權濫用無度，中央財政捉襟見肘，整個賦稅制度千瘡百孔，成爲「富人的避難所，窮人的地獄」。財源枯竭，軍備不整，兵員不足，一旦糧食歉收饑民四起，或是邊境告急外敵入侵，整個帝國就風雨飄搖，朝不保夕。

滿清治下形勢有所好轉，可是到乾隆後期，王朝的衰退再現端倪。貪腐驕奢逐漸侵蝕上層社會，白蓮教復興則意味著鄉村社會失去控制，更要命的是人口膨脹對整個政治、經濟造成的空前壓力——一個世紀的和平、長期寬鬆的賦稅制度，再加上各種美洲作物的「功勞」，到嘉慶五年（一八〇〇年），全國人口已經翻了數倍，接近四億，成爲世界頭號人口大國。在耕地面積、單位面積產量以及科技水準的多重限制下，人口的急劇增長帶來的後果是嚴峻而深遠的。總之，按照魏斐德的看法，即使這個停滯的帝國沒有遭遇外部的衝擊，內部的崩潰也無可避免。

對於今天的讀者來說，《中華帝制的衰落》的內容也許有些淺顯。畢竟它是一本寫於一九七五年的美國大學教材。然而，我認爲它可以幫助人們抵禦幽靈的撩撥以及盛世的誘惑。從這一角度講，魏斐德的小書永不過時。

03

對酒當歌，家國幾何？

MOUNT INTO BOOKS
Mount into Books
Mount into Books
MOUNT INTO BOOKS
Mount into Books mount into books
MOUNT INTO BOOKS
Mount into Books mount into books mount into books
Mount into Books mount into books mount into books

在衆聲喧嘩卻少人傾聽的今天，讀林崗先生的《醉論風雨六十年——三醉人談話錄》（以下簡稱《三醉人》）乃是一種頗爲難得的體驗。不是說文中「喧嘩」少了，而是書裏多了幾重交流與傾聽的角度——作者有意用三人對話的複調形式降低了議題的分貝數，而高調本是如今多數作者刻意追求或難以避免的。

顧名思義，《三醉人》是一本討論現代中國六十年風雨的著作。所謂風雨，用推薦者李澤厚、劉再復的話講，指的是「當代中國人最關心的政治、經濟、文化、社會變革、文明建構等一系列的根本問題」。可是，要在一本書裏就諸多根本問題發言並非易事。更何況，如此宏大的領域，本應正襟危坐字正腔圓的，爲何林崗先生要一人分飾三角，借三個酩酊客的酒話來「醉論」風雨呢？莫非，這醉論竟是虛虛實實的醉拳乎？

在書的前言中，可疑的「筆者」聲明了，就他看來，他的三個好友：東方劍客、西海博士和諸子暢論世事，圖的是口舌之快，而非出自匹夫之責，所發議論也均是酒話，當不得眞。然而這「筆者」的聲明同樣也是當不得眞的。俗話說，酒醉心明白。飲酒者說自己沒醉，多半眞醉；但凡說自己醉了的，那定是清醒人。林先生之所以玩這樣的障眼法，我想是另有苦衷——現實如泰山壓頂，作爲個人很難直面以對，只能施展分身騰挪的功夫，借三個醉人的「酒後失言」來澆胸中塊壘。

用對話體的方式講宏大問題是自古以來的傳統。西方有蘇格拉底、柏拉圖，東方有先秦諸子。在中國，這一傳統時斷時續，晚近頗有起色，例如錢理群、陳平原等人的《二十世紀中國文學三人談》就是其中代表，最近又冷清偃息了。大致看來，時代若是多元，對話體繁盛；社會禁錮，言路閉塞，對話體則隨之冷落。其實對話體的好處是顯而易見的，除了現場感強烈，語言活潑生動的優點外，最大的特點就是視角多元，長於思辨，所以柏拉圖將對話的藝術視爲接近眞理的可靠方法。不過，一人分飾三角的對話體成功的例子似乎不多，《三醉人》在文體上的嘗試值得一贊。

說到這方面，不得不提到日本學者中江兆民的著作《三醉人經綸問答》（商務印書館），估計林崗先生從中有所啓發。在中江兆民的《三醉人》中，作者也推出了三個角色，分別是豪傑君、洋學紳士和南海先生。這三位酒客與林先生筆下的東方劍客等三人頗爲神似，其議論主題雖有百年之隔，仍不乏共通之處。中江探討的是明治維新之後，世界格局裏的日本政治，而林崗追問的則是改革開放以來中國的現狀與未來。據說，中江兆民的構思得益於日本僧人空海（七七四——八三五）。

那位高僧在隨遣唐使入唐之前，曾用駢體漢文著有《三教指歸》一書。書中假託龜毛先生、虛亡隱士、假名乞兒三人對話，分說儒道釋之要旨。可見，將宏大命題引入文學敘述，以有血有肉的三人對話替代刻板單一的意識形態爭論，聯想到最近引人關注的摩羅以及他的《中國站起來》，這的確是明智的選擇。

然而，具體到林崗先生筆下的三人對話，我卻不乏困惑——對話體的長處也就是它的短處。由於作者不僅沒有預設立場，而且還在不斷變換觀點，這就要求讀者自己就每個問題去判斷和抉擇。一方面，作者爲讀者預留了更大的思索空間，另一方面又會造成讀者的無以適從。因爲讀者可能把握不到作者的立場，結果變得跟三位酒客一般醺醺然了。

就拿《三醉人》第二篇《制度變革》來說吧。東方劍客稱黨國體制乃是中國「沉默授權」傳統的延續。他說與西方的「投票授權」相對應的，「人類社會統治秩序的建立，革命、征伐、暴動、起義，也是一種授權形式。我姑且稱它爲『沉默授權』，它以臣民或人民的沉默、不反抗爲授權取得爲根本特徵。『沉默授權』不必徵得公衆主動表示的同意，只需行動表示不反抗就能夠形成自己的統治秩序；或者說，公衆的沉默、不反抗在這種政治傳統之下正是一種表示同意的授權行爲。」

這一說法相當新穎但矛盾重重。西海博士和諸子雖然表示反對或有所保留，卻沒有充分展開他們的理由，這難免給人偏頗之感。再比如第五篇中討論帝國的羅馬模式與朝貢模式的優劣，也是諸子和西海博士處於辯論的守勢。全書讀下來，我不認爲東方劍客是作者的心聲，畢竟西海博士和諸子同屬作者的分身，但是不可否認，東方劍客占盡優勢——而此君的發言中包含不少民族主義和國家主義的危險因數也是明顯的。

這是爲什麼呢？我覺得恐怕與作者思考的出發點有關，這從《三醉人》的謀篇佈局也能看出來：國家、民族等龐然大物始終是關注重點，而有關「個人」的討論空間幾近於無——雖然作者在第六篇裏涉及到了生死靈魂，畢竟是泛泛慨歎，並未展開。這使得全書的討論有宏論而無微觀，實有焦距失調之嫌。

或許我的評價有些苛刻，因爲與不少時論相比，《三醉人》仍稱得上佳作。不過一想到中江兆民的《三醉人》，不得不心生警惕。中江借南海先生之口評價說：「紳士君的議論是烈酒，使人目眩頭暈；豪傑君的議論是劇毒藥，使人胃裂腸斷。」然而命運詭譎，當年的日本甘願服下的，卻是豪傑君的劇毒藥，最終走上軍國主義的道路。反觀林崗先生的《三醉人》，誰能保證本書的命運不會重演呢？

04

對罌粟或歷史的反抗

或許是錯覺，我個人以爲最近十年來，隨著不滿現實和懷念過去的諸多情緒泛起，歷史類的文學作品正在經歷一個不大不小的熱潮。不單是中國的晚明熱、帝王戲和民國范，各國作家裏都有這股熱潮的生產者與推動者。其中，印度作家阿米塔夫・高希（Amitav Ghosh）的歷史小說很有典型意義。

作家亨利・詹姆斯說：「歷史小說有一種致命的廉價」，對此我將信將疑。狄更斯的《雙城記》，雨果的《九三年》，當然還有托爾斯泰的《戰爭與和平》，偉大的歷史小說不算稀有。然而，拙劣品確也比比皆是。自有小說這種現代文學體裁以來，和其他類型小說一樣，多數歷史小說只能爲讀者提供某些消遣時光的功能，又反被時光「消遣」，沒有多大的文學價值，究其原因，主要還在於類型小說很難擺脫的保守性。

就像偵探小說、犯罪小說骨子裏總要預設某種不可逾越的秩序那樣，歷史小說往往也得臣服於歷史的規律，由不得作家掙脫。托爾斯泰在《戰爭與和平》裏附上一篇討論小人物如何對抗大時代的論文，一個很重要的原因就是強調自己創造的人物是歷史的反抗者，而不是屈服者。可惜的是，沒有多少作家領會到這一點。如今，有的作家誤將「架空」、「玄幻」、「武俠」當作對歷史的超越，往往體現的是對歷史的諂媚。在他們的筆下，貫徹著倒果爲因、成王敗寇的思維邏輯，飄蕩著「眞的好想再活五百年」的驚悚嚎叫。閱讀這類小說的讀者，就像《猛鬼街》的觀衆，其快感無非根源於某種潛在的心理——幸好我沒在那個恐怖的地方，幸好我沒在那個苦難的時代，幸好我成功了，「我是唯一的倖存者」。

正是在讀阿米塔夫・高希的《罌粟海》（Sea of Poppies）時，我意識到反抗對於歷史小說的重要意義。在中國讀者耳中，高希肯定是一個陌生的名字，因爲《罌粟海》是他在國內出版的第一部作品。不過，這位印度作家在英語世界中早已頗負盛名。他出生於加爾各答，先後就讀於新德里大學、牛津大學，是一位社會人類學博士。他曾擔任加爾各答社會科學研究中心研究員，還在紐約市立大學教過電影和寫作，最後專事創作。由於自身經歷豐富，加上學術素養，高希的寫作起點頗高。他出版了六部長篇小說，部部皆有好評。處女作《理性環》（The Circle of Reason）獲法國美第奇外國文學獎，《陰影線》（Shadow Lines）獲印度娑訶德耶學院獎、安娜達獎，《加爾各答染色體》（The Calcutta Chromosome）獲英國亞瑟・克拉克紀念獎，《玻璃宮》（The Glass Palace）入選法蘭克福國際電子圖書獎的小說類大獎，《饑餓潮》（The Hungery Tide）榮膺哈奇字謎圖書獎。這部《罌粟海》也進入過布克獎的決選名單，大致能反映高希的文學品味和藝術水準。

《罌粟海》是高希最近創作的「朱鷺號」三部曲的第一部，故事主要發生在十九世紀下半葉的印度，彼時正是第一次鴉片戰爭前夕，東印度公司在孟加拉邦的鴉片工廠還在高速運轉，而滿清帝國的銷售卻遇到了障礙。鴉片，即將改變中華的國運，卻已改變了印度的生態。不僅如此，罌粟像一股黑暗神秘的歷史龍捲風，將種植鴉片的孟加拉農婦、飄洋過海的阿拉伯水手、瀕臨破產的王公貴族、孤獨無助的法國少女、險中求生的美國混血兒、詭異莫測的中國囚犯等等，一併吸至「朱鷺號」雙桅縱帆船上，從而碰撞出一幕接一幕的悲喜劇。

很特別的是，如此壯闊的歷史圖卷，如此多樣複雜的人物關係，高希偏偏運用了大量細膩的筆觸來描寫，這使得《罌粟海》煥發出與一般歷史小說不同的韻味。從他在書後一長串的鳴謝名單裏可以看出，這種韻味來源於作家深厚的歷史學和人類學知識。可是，這種細描手法似乎又給讀者帶來了不小的閱讀障礙。因爲瑣細的知識使得整部小說就像「朱鷺號」那樣，遲遲到不了岸，也遲遲出不了港，緩慢得就像那個時代，近乎停滯。有時候，我覺得高希筆下的好幾個人物甚至與他寫的恒河猴差不多，吃了鴉片工廠排污口的罌粟渣滓，然後在樹上一動不動，神思恍惚。

不過想到《罌粟海》只是三部曲的第一部，我又對高希的安排報以理解，這應該只是漫長的序幕。登上「朱鷺號」上的衆多人物將橫渡孟加拉灣，駛過麻六甲海峽，直抵中國的廣州。在下一部高希作品《煙霾河》（River of Smoke）中，因爲罌粟而糾纏在一起的人們究竟將反抗何等命運，我仍有期待。

05

福山的政治演化論

二十世紀下半葉以來，不少學者對全球政治秩序的討論均建基於兩句相當時髦的核心短語，一個是「文明的衝突」，另一個是「歷史的終結」。這兩個理論「口號」分別經由塞繆爾．亨廷頓和法蘭西斯 福山之筆得以廣泛傳播，也引發了特別多的爭議。有意思的是，這兩位因此被批評者指為保守主義代表人物的政治思想家乃是淵源很深的一對師生。

然而，保守主義很難稱得上一種嚴格的思想體系，更像是一類強調既有價值和現存秩序的立場或態度。很明顯，不同時空下的人類價值和社會秩序多有差別，具體要保守的對象肯定也不一樣，因而人們將亨廷頓和福山視為保守主義思想家多少有些詞不達意。就像亨廷頓在他的奠基之作《變化社會中的政治秩序》中承認的那樣，他關心的重點是國家治理（以及國際關係）的合法性、組織性和穩定性問題，而不是政治體制的理想型態，人類社會的價值追求等等。因此與其說亨廷頓是保守主義者，不如說是現實主義者。同樣的，他的學生福山基本上也走在這條現實主義的學術道路上，並朝著更加實證、更強調科學方法的方向邁出了一步又一步。可能正是因為這種誠實的學術態度，亨廷頓才反對把他的文明衝突論與九一一事件掛鈎的膚淺看法，而福山也沒有扮演新保守主義者希望他扮演的聖保羅。

福山的著述頗豐，翻譯成中文的計有《歷史的終結及最後的人》、《大分裂：人類本性與社會秩序的重建》、《信任：社會美德與創造經濟繁榮》、《美國處在十字路口：民主、權力與新保守主義的遺產》以及《國家構建：二十一世紀的國家治理與世界秩序》等。這麼多的著作足以展現福山廣博的學術視野，同時也揭示出他一以貫之的思考主線。這一主線的重中之重乃是黑格爾愛講的「認同」。福山新近推出的政治思想史巨著《政治秩序的起源》探討政治發展與衰敗的根源，表面上像在談中國人常說的「治亂」問題，其實側重的仍然是認同。只不過，這一次他沒有談信任，沒有談歷史精神，而是借「政治何以可能？」的疑問去探尋認同形成的生物與歷史的基礎。因爲在福山看來，政治的合法性、組織性和穩定性，與認同問題不可分離。家庭、部落、種姓、宗教、社團、國家等等，圍繞著這些不同對象建立起來的凝聚力，從根本上影響著政治秩序的興衰。

學生思考的起點恰在老師止步之處，故而福山將《政治秩序的起源》題獻給亨廷頓。早在二〇〇六年，福山在給《變化社會中的政治秩序》（初版於一九六八年）寫再版序言時就意識到，要保證一個政治理論恒久有效，不能不重視超長跨度的時間之維，以及歷史比較的方法。時至今日，亨廷頓的政治學說仍有一定的啓示意義，但由於他針對的是一段較短的特定時期，因此福山認爲，其理論在內容上有待修正和更新。具體而言，亨氏關注的是二戰結束後十多年內，在鐵幕低垂，去殖民化浪潮方興未艾的大背景下，世界各國競相追求現代化目標的過程中，暴力頻仍衝突不斷的現實。但之後陸續發生的「東亞奇蹟」、蘇東巨變、全球化、民主化浪潮等重大歷史事件均未納入視野，導致亨氏的理論帶有一定的應景色彩。同時福山還認爲，由於亨廷頓在分析問題時往往理所當然地使用著國家、政黨、法律、軍事組織等概念，沒有考慮到構成政治秩序的這些制度（institutions）要素本身都是成因複雜的歷史產物，而非質地單純的天然東西，這也造成了他的理論闡釋能力逐年下降，無法更好地幫助人們理解社會秩序和政治發展。

一旦以比較的方式深入人類歷史，政治秩序的各大要素都必然呈現出盤根錯節的情形。福山的雄心顯然不限於對老師的超越，而是要完成對這些要素的揭櫫與綜合。他回首人類的文明進程，認爲一個成功有效的政治秩序離不開三大要素。一是國家（the state），二是法治（the rule of law），三是負責制政府（accountable government）。如今，現代自由民主制將這三大制度要素結合在穩定的平衡之中，本身乃是一個奇蹟。但是從歷史上看，這三大制度既不是天外之物，也不是普世皆有，做到三者齊備更是難上加難。譬如中國兩千年前就已具備符合韋伯定義的國家，非洲、東南亞的某些地區到現在還一直缺乏這種原生的制度；歐洲歷來有很強的法治精神，但儒法雜糅的中國生產出來的始終僅是「命令」，而不是真正意義上的法律；負責制政府很晚才在人類歷史中現身，其原則直到十九世紀才深入人心。福山以為，一個不能很好地解釋上述矛盾事實的政治理論肯定是不完善的。

因此福山首先做的，就是用建基於進化論的人類起源說，取代霍布斯、洛克以及盧梭等人的社會契約論。衆所周知，社會契約論者往往假設最早的人類處於某種「自然狀態」中，要麼陷入「所有人對所有人的戰爭」，要麼處在生命、財產和自由都保護不力的不便境地，又或者彼此隔絕，老死不相往來。總之他們認為，為了從自然狀態的困境中擺脫出來，個人與個人、民衆與君主唯有通過訂立契約的方式增強彼此的合作——國家即是那些共同協定的必然產物。這種國家起源說歷來是西方現代政治理論的基石之一。它奠定了也限制著人們對政治秩序的基本理解。但是福山不接受包括社會契約論在內的任何單一的前提預設，他借助生命科學的諸多最新進展證明，與霍布斯等人相比，亞里斯多德將人視為天生的社會動物的觀點更接近事實，而國家等政治制度的起源遠不像人們想像的那樣單純。

福山把生物學家威廉・漢密爾頓（William Hamilton）、語言學家史蒂芬・平克（Steven Pinker）、弗蘭斯・德瓦爾（Frans de Waal）、經濟學家曼瑟爾・奧爾森（Mancur Olson）等人的發現共冶一爐。他運用靈長類動物學、考古學、人口遺傳學、進化生物學、社會人類學、經濟學等學科的衆多成果來證實，政治發展是一個多成因多線程的人類歷程，政治衰退也是這樣。就像亞里斯多德所說，由於人類從未作爲孤立隔絕的個體而存在，在現代人類出現之前，社會本能就已經是人性的天然組成。反倒是今天的個人主義才是一種對人類社會本能的「不自然的」克服。

換句話說，從一開始就處於社會狀態下，而非自然狀態中的人類本身就是複雜因素的集合。環境壓力、人口規模、情感演化，更重要的是語言，各種因素相互促進，最終塑造了人類的心智模型（mental model）。這種心智模型賦予人類推斷事物彼此聯繫、構建世界因果關係的抽象能力，從而帶給人類有別於大多數動物的巨大的生存優勢。事實上，這一心智模型不單是人性的主要組成，也構成了認同的生物基礎。在這個基礎上，細膩的情感給予行爲以價值，豐富的語言生成規則或規範，使得人與人在社會互動中的行爲趨於穩定，變得可重複、可預期和有規律。福山借亨廷頓的話道出了他對政治秩序的根本觀點：「穩定、有價值、重複的行爲模式」就是制度。

必須加以強調的是，行爲模式雖屬人類普遍共有，卻並不意味人類表現出來的行爲也是一模一樣。這就像生物的基因，不僅有顯性與隱性之別，還有表達與關閉之分。行爲模式總是複數形式的，在不同的條件下呈現出不同的特點。這些特點包括社會本能、規範偏愛、集體暴力傾向、認同感等等。它們在心智模型的驅動下相互促進，也相互衝突，造就了戰爭、宗教、集體認同、國家和法律等等交織的不同的政治形態。就像生物演化那樣，不同的政治形態之間彼此競爭，其中能夠更好適應環境條件的政治秩序得以保存下來。但是如果條件發生改變，那麼過去有效的政治秩序就有可能走向政治衰敗——千差萬別的歷史景象與政治形態由此而來。

福山在《政治秩序的起源》裏用了大量的篇幅來詳盡比較中國、印度、阿拉伯世界和基督教國家的政治發展與衰敗，而把他那具有強烈的達爾文色彩的政治理論放在後半部分，顯然是經過深思熟慮的。在歷史比較中，他用「黏糊」一詞恰切地把握了不同政治秩序所呈現的複雜與差異。國家、法治與負責制政府在漫長的歷史長河中爲何沒有齊頭並進？爲何在我們的現實世界裏仍然做不到三位一體？這種政治秩序的黏糊特性就是福山要著力解釋的：具有社會本能的心智模型賦予行爲模式以強大而穩定的情感，繼而使社會規範包含了難以輕易變更的內在價值，導致政治秩序具有高度的保守性。在特定環境中，這種保守本身可能有效率，可能較穩定，但本身就是導致衰敗的潛在因素之一。

福山提醒讀者，不要因爲他反覆強調政治秩序的歷史之維而誤以爲他就是一個歷史決定論者。事實上偶然和不確定的因素在政治秩序中的作用完全不應忽視。同時，他也提醒我們不要忘記人類心智模型還有一個重要的特點，那就是模仿與學習的能力。過去，這一能力一直受到疆域、語言、技術等各種條件的限制。現在情況大爲不同了，每種政治秩序都在遭遇全球化浪潮的沖洗。不必以爲，當代發展中國家必然重複過去法國大革命那樣的狂暴過程，或者必須在宗教基礎上才能建立現代法治。大大加強的社會之間的交流與借鑒使得和平有序的變革充滿了希望。

儘管《政治秩序的起源》全書的整體基調相當樂觀，不過福山還是承認，當他展望全球政治發展的前景時，有兩個至爲關鍵的問題迄今尚無答案。第一個與中國有關。國家、法治與負責制政府，中國三大制度要素目前只有國家這一項，如此情形下政治秩序能否長期維持它的穩定？第二個與自由民主制的未來有關。國家的軟弱表現、長期無法解決的財政問題，還有健康、社會保障、能源等等，這些困擾會不會導致自由民主制下的國家也會存在政治衰敗的危險？福山在本書中未作詳盡的分析。不過，既然他將《政治秩序的起源》題獻給亨廷頓，就已然表明，對歷史的重新梳理不是福山的終點，只是邁向政治理論新模式之前的整裝待發而已。因此我有理由期待，福山將在本書的第二卷裏對工業革命以來天翻地覆的政治秩序新格局做出有力的詮釋——當然，眼下也只能期待了。

06

複雜的啓示

自從有了電腦，人們對大腦的認識好像忽然有了一個完美的比喻。有了它，就有了感覺的輸入、資訊的處理、記憶的存儲以及心智的計算等一系列概念，從此人們對大腦功能的理解變得空前容易。

然而，當便利的比喻越來越流行，事實本身隨之卡通化了。陳腐的機械論捲土重來，大腦反過來正在淪爲電腦的比喻。如果這一謬見成爲大衆認知的一部分，很可能會給社會帶來不小的衝擊。比如不久前浙江溫嶺發生的殺醫血案，有輿論言之鑿鑿地將殺人者與器質性的「空鼻症」聯繫在一起，就包含著生物機械論的認知錯誤。

認知錯誤的主要表現之一，就是誤把大腦當作一個單純的處理資訊的工具或場所。然而就像心理學家史蒂芬·平克（Steven Pinker）說的那樣，人的心靈不是一塊可以任意塗寫的光滑白板。事實上，我們一生下來，大腦就不是一個空蕩蕩的房間，或者一台什麼「程式」都沒裝的電腦，很難用一個比喻來形容之。

荷蘭心理學家杜威·德拉埃斯馬（Douwe Draaisma）是專攻人類記憶機制的專家。他在《心靈之擾：精神疾病小史》這本小書裏，從醫學史的角度講了十三則關於精神和神經疾病的小故事，主要的人物包括醫學家、醫生和病人。他們或是因爲自己的發現與診斷，或是因爲自身的疾患，將姓名鐫入歷史中。

從另一角度看，德拉埃斯馬寫的每一篇故事都可以當作批駁「心靈白板論」的有趣注腳。這些故事沒有對大腦做出整體的概括，卻從側面刻畫了當代學界對心智的看法——大腦內部有著既關聯又矛盾的多重機制。讀了《心靈之擾》，我甚至覺得所謂「自我」其實就像薩達姆時期的伊拉克新聞部長薩哈夫，用「意識」竭力維護著一個表面平靜實則詭譎多變的幻象。這個幻象一旦打破，就很難修補如初。

比如迄今仍是醫學頑疾的帕金森氏症（Parkinson's Disease）。一八一七年，英國醫師詹姆斯・帕金森（James Parkinson）早已用精準的文字描述了它的經典症狀，並將其與後來名爲亨廷頓舞蹈症的一種遺傳性神經疾患區分開來。但是，他稱爲「顫抖性癱瘓」或「痲痹震顫」的這種怪病，醫學界直到一九五三年才取得大致共識，認定多巴胺（Dopamine）缺乏是病因。問題在於，多巴胺缺乏未必罹患帕金森氏症，卻可能導致認知失調、情緒焦慮、感覺異常等精神病患，乃至精神分裂。更奇怪的是，約有四分之一的帕金森氏症患者自始至終不會出現像震顫那樣的經典症狀。可見，大腦內部存在著一因多果的特性。

因爲確切的病因，帕金森氏症還算好理解。但是，要明白妥瑞症（Tourette

Syndrome）卻得多花些時間。一八八五年，法國醫生喬治・妥瑞（George Gilles de la Tourette）在一篇論文中談到了這種混雜著抽搐、吠叫、強烈的模仿衝動以及污言穢語的怪病。由於找不到病因，對於它的研究只能長期遊蕩在神經科學、精神病學和心理學等領域的邊緣。直到上世紀七〇年代，這一局面才得以扭轉。醫學界逐漸意識到，此病的原因應該包含器質性的缺陷。他們發現，如果大腦深處負責自主運動的基底核對多巴胺過敏，就會出現這類症狀——一種名叫「好度」（Haldol）的藥物對此療效不錯。

然而問題沒有完全得到解決。穢語症（Coprolalia）是妥瑞症的主要症狀之一，即往往無法克制地污言穢語。可是醫生們很早就察覺，患者絕大多數髒話具有明顯的社會屬性。一般來說，總是一些涉及道德的辱罵，或者跟種族偏見相關的內容。而這，顯然無法用基底核過敏來解釋。莫非大腦中還有表徵社會背景的神經機制？

與之類似，患有克萊拉鮑特綜合症（de Clerambault syndrome，又稱色情狂綜合症）的女性，她們偏執地認爲深愛著自己的，多半是社會等級更高的男人。在卡普格拉綜合症（Capgras syndrome，一種帶有臉盲症特點的妄想症）、亞斯伯格綜合症（Asperger syndrome，亦稱自閉症）等精神疾患中存在相似的情況。它們反映了一個迄今沒有理清的難題：在大腦這個我們唯一的心理器官之中，生理屬性與社會屬性究竟是如何纏繞在一起的？

所以我有理由相信，一個讀懂《心靈之擾》的讀者，再不可能退回到某個極端簡化的立場了。複雜的事實，只能以複雜的態度待之。

07

歷史塵埃中的上帝和兩頭蛇

《兩頭蛇：明末清初的第一代天主教徒》是黃一農先生探究明末清初之際中國天主教歷史的專著，余英時曾以「體大思精」四個字評價此書。堪當他這四字評價的當代歷史著作委實不多。

異質文明間的糅合與衝突往往相當複雜，明末清初的在華天主教史正是如此。二十年前，黃一農從一個無線電天文學家轉行進入史學領域，本只想專研天文學史，可當他因研究古代天象紀錄接觸到清初「曆獄」事件時，他才發現自己已經邁入了天主教史的範疇。曾經仰望星空的眼睛，一旦轉向歷史也有非凡目力。當年黃一農二十餘篇考證論文使得不少學者慨歎康熙曆獄的研究已經是「題無剩義」，其力作《兩頭蛇》獲「體大思精」的讚譽似乎又是情理中事。

「兩頭蛇」之喻出自明末天主教徒孫元化的詩歌。孫在家中看見一條兩頭蛇，於是口占一詩。詩中寫道：「昔賢對之泣，而吾反獨喜。喜者意云何？以我行藏似。」孫元化以兩頭蛇自況自嘲。兩頭蛇在決定行止時「首鼠兩端乎，猶豫一身耳」的矛盾掙扎，正是當時許多奉教人士徘徊在天主教與儒家道德之間難以取捨的眞實心境。

可是，像孫元化這樣的中國士大夫，爲什麼會讓自己置身於這種取捨艱難的痛苦當中呢？

為什麼中國人會遭遇「上帝」？

準確地說，是航海家和傳教士一起給中華帝國帶來了「福音」。十六世紀是西班牙和葡萄牙揚威海上的世紀，也是天主教迅速擴大傳播範圍的世紀。但在亞洲，天主教的傳播一開始困難重重。在印度，葡萄牙人吃牛肉、飲酒的習俗均屬印度教的禁忌，傳教士的信衆只能局限在低賤的種姓中。在日本，教區長將教會中的日本人視作二等公民，禁止他們學習拉丁文和葡萄牙文，引發了激烈的內部爭論。一五八三年，耶穌會士羅明堅和利瑪竇首度成功在廣東設立教堂，標誌著天主教正式進入中國，但其傳播同樣不順利。中國人把天主教誤會爲佛教分支，傳教士則誤以爲中國和尚的政治和社會地位與歐洲教會的僧侶相當，也就默認了這種誤會，剃了頭髮，穿上僧衣。像羅明堅更是自稱「天竺國僧」。可直到一五九二年利瑪竇在門生的勸說下蓄鬚留髮，脫掉僧服改著儒裝，努力融入中國士大夫的交遊圈，天主教的在華事業才打開了局面。

一方面是天主教奉行的文化調適策略起了作用。另一方面，明帝國內外交困的政治和社會現實也迫使中國士大夫在傳統之外尋求經世濟民的良策。就像對天主教持友善態度的陳子龍所說：「明興二百七十年……蓋有三患焉，一曰：朝無良史；二曰：國無世家；三曰：士無實學。」士大夫中不少有識之士認同這個觀點。他們不滿提倡虛無的佛教以及空談心性的陽明之學，轉而相信天主教能夠為風雨飄搖的時局帶來開物成務、經世致用之學。可以這麼說，利瑪竇等教中人士大力推動的「天儒合一」的策略正好與士大夫希翼天主教「合儒補儒」的心理渴求兩相匯流，讓中國人遭遇了「上帝」。

用「遭遇」一詞來描述明末清初在華天主教的情形大概是恰當的。因為很快，那些親近「上帝」的士大夫們就感受到了理念分裂的痛苦。

死節與納妾

不是所有的中國士大夫都接納或親近天主教的教義。以徐光啓為首的奉教人士打出的「補儒易佛」的旗幟引發了天主教與佛教的緊張關係，也使一些堅持「華夷之辨」的士大夫提高了警覺。萬曆年間爆發的「南京教案」即是典型例證。更有敏銳如王啓元者意識到了天主教與儒家根本不是同路人。他指出：「天主之教首先辟佛，然後得入其門；次亦辟老，亦辟後儒；尚未及孔子者，彼方欲交於薦紳，使其教伸於中國，特隱忍而未發耳！愚以爲佛氏之說易知，而天主之教難測，有識之士不可不預爲之防也！然其旨以天主即中國所謂上帝，則未然矣！」他的觀點不可謂不超前。大約一個世紀後，羅馬教廷堅持欲將天主凌駕於中國的上帝，「禮儀之爭」引發，最終康熙禁教，中歐文明的第一波接觸畫上了休止符。這讓人不由得想起劉小楓在《聖靈降臨的敘事》中所談到的所謂「漢語神學」的問題。爲了給「漢語神學」開道，他排除了「漢語神學」修改自身，以迎合儒家成仁、道家得道、佛家圓融的可能。他對「上帝」的超拔高標，其實與王啓元的思路並無二致，只不過一個要揚的是天主，另一個要保的是儒家。

那些反對者對天主教的傳播憂心忡忡，而那些信奉天主的人內心更加憂懼。世代浸潤在儒家傳統中的奉教人士，他們往往要經受信仰交戰和道德分裂所帶來的巨大痛苦。在《兩頭蛇》中，黃一農以王徵爲例，翔盡而體貼地展示了一個儒家化的天主教徒在歷史境遇中的深切痛苦。

王徵精研機械水利，希望力挽國勢衰頹，故由西學而入西教。可在奉教之後，卻面臨「無後爲大」的困窘之境，只好私違「十誡」秘密納妾。沒過多久，王徵自覺罪孽深重，心生悔意，想請神父爲其解罪，卻因納妾爲天主教重罪而遭到神父拒絕。爲此王徵痛苦不已，多年來潛心清修，希望彌補納妾之罪。六十六歲時，他終於痛下決心，公開發表《祈請解罪啓稿》，自承曾嚴重違反「十誡」，羞愧悔恨，現將妾「異處」，視爲「賓友」。斷色以求解罪。決定之後，王徵在給表弟的信中說「百無一事於心，三碗飽飯後，一枕黑甜……」，心情大爲開朗。可好景不長，李闖攻陷西安，要王徵出來做官。王徵再次違反「十誡」，絕食七日而死。

黃一農對王徵等奉教人士的精細研讀，將明末清初的中國天主教徒的兩難境地刻畫得極其充分。

仍在困境中的「上帝」

現在的基督徒可能已經不再面對像明末清初天主教徒那樣特別尖銳對立的道德

困境了。但是否困境徹底消弭？答案卻未可知。

劉小楓說景教（早期基督教會分支）爲什麼在唐代沒有成爲國教，像俄羅斯當年那樣皈依，純屬歷史的隨意性。他如此說法無非是想將沉重的歷史拋開，爲基督神學拓出一片不沾灰塵的淨土。可是，就算唐代因附會道家始祖老子而視道教爲國教乃屬歷史的隨意性，也不可能將「上帝」從中國的歷史中超拔出來。就像黃一農揭示的那樣，孫元化、王徵們的痛苦是眞實的，沾滿了歷史的塵埃。

其實，聯想到佛教之於魏晉，天主教之於明清，可知新思想、新道德和新信仰無不產生於歷史動盪之中，也無不在歷史動盪之中經受磨礪考驗。以此審視今日，應無大錯。

《兩頭蛇》的精妙之處豈是一篇書評可以道盡？余英時說此作「必可傳世」，我覺得實在是持平之論。誇張地講，寧讀一本黃一農，不讀十本劉小楓也！

08

滿紙皆是爛芝麻

在我看來，回憶錄和自傳是特別值得懷疑的一類文字。圍繞著前者，幾乎總會發生曠日持久的口水之爭。而所謂自傳，裏面貌似刀槍劍戟，仔細一看不過是化妝用品。所以我比較欣賞奈波爾的態度，在他的筆下，既有雞毛蒜皮的家書，也有直言不諱的回憶。更爲可貴的是，他對自己的傳記作者差不多做到了毫無保留，哪怕別人寫出來的傳記讓他起了找巫醫下咒的念頭。

基於相似的理由，我比較喜歡何兆武先生的《上學記》，直率而坦誠；比較不喜歡何炳棣先生的《讀史閱世六十年》，自戀而傲慢。可當我讀到李幼蒸先生的《憶往敘實》時才意識到，自己對待此類作品的評判標準還是過高了。

我是在讀《哲學和自然之鏡》（理查·羅蒂著，商務印書館）時第一次接觸到李幼蒸這個名字的——他是該書的譯者。對於像我這樣一個欠缺分析哲學訓練的讀者來說，這本書最有意思的就是正文之前的那一部分，值得相互參詳。羅蒂在再版序言中稱李幼蒸爲「老友」，說他們二人之間的談話富於啓示性，自己受益匪淺。可是「老友」李幼蒸在譯者再版前言中卻委實不客氣，說羅蒂這個「今日世界上最令人感興趣的哲學家」（哈樂德·布魯姆）論斷偏頗、自相矛盾。雖然我認爲在別人的著作之前添加這種批判性的前言有些不妥，但李先生仍給我這麼一個印象：此乃諍友。

如果不讀《憶往敘實》，我竟不知李幼蒸先生是符號學方面的專家，更不會瞭解，所謂「諍友」，李先生卻是別有滋味在心頭。

在這本「自傳性質的回憶文集」中，李先生再次提到了與《哲學和自然之鏡》有關之事。經他披露，原來賀麟先生爲羅蒂此書所作的中文版序言也是李先生的捉刀之作。在李先生的描述中，事情原是這樣的：賀先生曾經邀請羅蒂訪華未果，而李先生之後提出的邀請則得到單位許可。賀先生可能將之前的邀請與李先生的邀請混淆了，故對李先生提出「嚴肅」要求，讓自己的一位後輩學人「徐君」參與接待，並與李一起合譯《哲學和自然之鏡》。理由是徐君已經著手翻譯了。李先生自忖賀乃學術委員會主任，「假如」在職稱評議會上忽然說出「他（指李先生本人）連大學還沒畢業，還是再考驗一段時間吧」之類的話，豈不是前景不妙？所以在拒絕合譯的前提下，主動提出代賀先生爲羅蒂的書擬序的建議，並得到賀先生的應允。

就這件事情李幼蒸先生洋洋灑灑寫了不少文字，用他自己的話講，是想證明中國學界長期存在著不問眞才實學，只問知名度和資歷的「封建主義傳統」，像賀麟那樣的老知識份子們大多不懂裝懂，「心安理得地借助年輕人發揮餘熱」。然而荒唐之處在於，我讀到的卻是一個世故的後輩學人揣度前輩心思，曲意逢迎，自己不思反省，待前輩逝去又出來翻舊帳的故事。

《憶往敘實》裏當然也少不了「老友」對羅蒂的評價，讀來更是令我詫異。李先生自承，羅蒂是他赴美的第一位學術訪問邀請人，之後兩人聯繫頗多。羅蒂待李應算不薄，不僅爲李落實了普林斯頓大學哲學系的訪問，李訪問維吉尼亞大學期間又邀其住在他家。在柏林國際科學研究院做客座時，羅蒂不忘推薦「老友」，從普林斯頓大學遷往史丹佛大學，他又爲李安排訪問學者事宜，羅蒂夫人瑪麗還多次提出義務爲李的英文手稿潤色。然而羅蒂所做的這一切顯然在李幼蒸先生看來不過是別有所圖，是維持彼此間「歷史性友誼」的手段。我不知羅蒂若泉下有知，該做何感想？

爲何李先生對羅蒂如此不滿？待我讀到《憶往敘實》的下一章就明白了。原來李本有機會到史丹佛研究所工作，而推薦人裏的那位「西方朋友」卻採用了「明助暗損」的作法，使得他的專案申請功虧一簣。那位與李先生在學術上漸行漸遠的西方朋友是誰呢？李先生沒有明說，但並不難猜。問題在於，李先生指責的所謂「明助暗損」的作法是什麼呢？原來是「西方朋友」建議史丹佛研究所把李先生申請的「比較倫理學研究項目」轉予一個漢學家過目。而衆所周知，那些可惡的漢學家是「多麼討厭懂得西方現代理論的中國學者」。

爲此時隔多年，李幼蒸先生的怨懟依然鬱結於胸。在書中他這麼寫到：「可抱怨之處在於，他完全可以拒絕擔任推薦人。但他接受了，而到時竟然『順便』破壞了此事。當然不是說申請失敗原因即在於此（這是無法證明的），而是說他的作爲證明了他的『心跡』在於此。」老實說，讀到這段話，我有些慶幸自己沒有李先生這樣的「老友」。

事實上，猜測、猜想、感覺等極爲主觀的詞語在這本名爲「敘實」的書中並不少見。而在評判與他人的交往時，李先生不是覺得別人「以……自許」或者「以……自居」，就是感到對方的打壓、挖苦和諷刺，這眞是一種難以名狀的心態。

不止於此，李幼蒸先生在回憶他要感謝的人時也不乏誅心之論。譬如他講到了對他多有襄助的華裔哲學家王浩。李先生曾翻譯過王浩先生一篇舊文，王先生覺得不滿意。李去信討教，王回信無須改正。李便就此兀自猜測了一通，自覺尷尬，二人就少了來往。後來李到美國，偶遇王浩和一位同行女孩。王向女孩介紹說：「李先生英文非常好。」而李先生的感想竟是：「我聽出來，這是挖苦話，原來王浩對我還未『釋懷』，以後我也就想不再與他聯繫了。」

本還想就《憶往敘實》中的諸多細節多談一些，卻發現李先生在後記裏已將《憶往敘實》定性為「一個『獨立學者』在全球學術強制度化時代，對國際人文學術現狀所進行的『反應』和『反省』」，將自己在學界遇到的那些陳穀子爛芝麻的事情上升為圍繞著眞理進行的路線鬥爭。如此邏輯，我再評論下去不就成心理學的案例了嗎？

最後還有一點感想：一定要加強鍛煉，爭取長壽。這是賀麟先生、羅蒂先生等人的最大失敗。相反，像書中形象也甚負面的李澤厚先生，是否如李幼蒸先生所宣稱的那樣「不懂裝懂，利用他人，裏外兩面」，已是一種「歷史的殘餘」，我看還說不定。因為從《憶往敘實》這類回憶錄看得出來，有的人認為，「眞相」往往掌握在長壽者手中，誰活得長，誰就是贏家。

不由想起李幼蒸先生應該相當熟悉的伽達默爾。那位活了一百零二歲的德國哲學家也寫過一本回憶錄，名叫《哲學生涯：我的回顧》。在那本書中，哲學家是一個多麼值得尊敬的形象。

09

氣：突破維穩怪圈的新思路

現實逼迫我們思考——可現實究竟是何模樣？身在其中，反倒不容易看清楚。在這個問題上，社會學可以從幾方面給我們幫助。社會學可以用數字說話，它收集證據，分析資料，建構模型，歸納理論，用量化的方式揭示社會運行的機制；社會學也可以具象表達，它通過深度訪問、參與觀察和敘事分析等定性方法描繪現實圖景，為我們理解社會互動提出因果性的解釋；當然，在此基礎上，社會學還可以用批判的目光審視社會現實，把現實置於宏闊的歷史時空中去，考察它產生、變化、發展的歷程，確立它的性質、價值和意義。

為了更好地把握現實，社會學家一直想把這幾個方面曾經彼此對立、相互衝突的工作綜合起來——當然，與西方同行相比，中國學者還多了一重社會學本土化的任務。然而坦白地講，直到這十多年，他們的努力才有了像樣的成就。最近當我讀到孫立平、郭於華、吳飛、沈原等人的著述，特別是應星先生的新著《「氣」與抗爭政治——當代中國鄉村社會穩定問題研究》（社會科學文獻出版社），我發現在社會學研究的學術賽道上，已不乏技藝嫻熟的中國車手。

以往應星給人的印象是一個擅長講故事的學者。他的《大河移民上訪的故事》以及《村莊審判史中的道德與政治》都是情節精彩的社會學著作。前者講述了三峽庫區某縣興修水電站，以柳坪村為核心的山陽鄉農民為移民賠償的問題集體上訪近二十年（一九七五—一九九四）的故事。後者是以上故事的前傳，或者「史前史」，講述的是同一個地方在一九五一年至一九七六年期間發生的幾起涉及身體和兩性關係的案件。用應星的話講，他的這兩個研究主要想揭示權力在鄉村運作的邏輯：前者展示的是權力運作的當代橫截面，後者描繪的是權力運作的歷史縱深圖。

在《村莊審判史中的道德與政治》的附錄裏，應星強調過「講故事」（專業說法叫敘事研究）的重要性。他認為，以細微見長、以事件為中心的敘事方法在社會學的定性研究中自有其價值，並且與模糊、變通、流動的中國現實有著特殊的親和性，從而為研究增添了必不可少的生動性。然而當「講故事」幾乎一夜之間成為中國社會學界的新風尚，應星也提醒同行們，沒有哪一種特定方法是社會研究的至上法寶。無論敘事還是統計，無論定性還是定量，方法能否運用，如何運用，不但取決於研究的主題和材料，更取決於特定論述與經驗感知之間的熨帖程度。他說得非常好。的確，沒有感受與抽象複雜事物的能力，缺少真切的問題意識，都會導致社會學失去想像力和脫離現實，最終墮落成為《故事會》那樣的東西。我個人認為，作為以上兩部著作的延續，應星在《「氣」與抗爭政治》中體現的，正是社會學家駕馭題材的優良品質。

抗爭政治（contentious politics）好比一個概念的「大筐」，社會學界用它來盛裝某類社會互動。這類社會互動是生活的一部分，我們本來相當熟悉。可是它們又和日常生活有著明顯不同，總是具有一定的爭議性和危險性，因此有必要把它們區分出來。它們可能是罷工，可能是集體上訪，可能是街頭示威或團體請願等等。有人給它們貼上「群體事件」、「集體行動」、「聚眾滋事」等標籤，但這些標籤往往出自個人好惡抑或特定目的，既空洞又隨意。學者們將這些社會互動統稱為「抗爭政治」，是因為它們具備三個共同特徵：抗爭、集體行動以及政治。這三大特徵同時具備的社會互動稱為「抗爭政治」。

更準確地講，這樣的社會互動必須是偶爾（不同於體制化的常規政治，例如會議、投票、選舉、人口普查等等）、公共（不同於寺廟、教會或企業等特定組織）的集體行動；其中，行動者們為了共同目標協同努力，提出一些影響互動關係裏任何一方利益、計畫或目標的訴求；政府是互動中的要素——或是提出訴求的一方，或是訴求針對的對象，以及支援訴求或被訴求的第三方。同時符合這些條件的社會互動才能叫做抗爭政治。

不過就如應星所言，抗爭政治這個概念固然有很強的包容性，又有很高的明晰度，是目前社會學研究重要的理論工具，但用它來分析中國社會仍有局限。畢竟，用西方發達工業國家的歷史脈絡和社會現實編織出來的這只「大筐」，未必裝得下中國人的社會現實。

中國人的社會現實是什麼？應星在《「氣」與抗爭政治》的第三章做了概括。儘管我覺得他在使用「轉型」這個詞的時候稍嫌輕率，但他對這三十年變化的整體描述基本可信。他談到的社會治理危機：國家職能的錯失、官僚制度（書中稱為「科層制」）的冗贅、貧富分化的加劇、社會階級的對立、特殊利益集團的侵襲、社會組織的疏鬆、改革共識的破裂、利益表達的扭曲等等，無一不是大家的切膚之痛。更令人痛切的是，國家僵化死板的「維穩」思路正在把三十年前處於邊緣位置的社會穩定問題塑造成今天壓倒一切的中心問題，把民眾正當的利益訴求和權利表達逼進死角，把普通的社會矛盾逼成存亡攸關的政治命運。在這樣的「維穩」背景下，抗爭政治這只筐當然不得不塞進更多本不該塞進去的東西。

如何消解現實與理論之間的張力，如何使論述與經驗相熨帖，如何把集體信訪、越級上訪、群體訴訟，以及抗議性質的聚集和騷亂統統裝進理論的筐子裏？在抗爭政治這一基本框架尚難突破的前提下，將中國特有的歷史脈絡與社會心態編進筐子裏去，的確可以增加理論的適用性。應星以「氣」作爲切入點，當是出於這種考慮——他想超越學界在抗爭政治研究中理性與情感、權利與道義的對立，尋找一種更綜合的視角看待現實。我個人認爲，起碼在農村的抗爭政治領域，《「氣」與抗爭政治》裏有不少新鮮的東西。

與「面子」、「關係」、「人情」等中國傳統概念相比，「氣」在當代學界受到的關注不多，以它作爲特定視角的學術論著更少。原因在於「氣」的含義過於繁蕪，日常運用過於隨意。試想一下，要從霧氣、景氣、運氣、正氣、鬥氣等等詞裏找出「氣」的某種恒定意思都很困難，何況拿它來建構理論。但是，「氣」本身具有的模糊性和豐富性，恰好與社會現實有著近乎天然的契合性，吸引著包括應星在內的中國學人去探索。

我記得十多年前，趙園先生在《明清之際士大夫研究》一書中談到了氣。一開篇，她就引錢謙益的文字描述明末的世態人心：「劫末之後，怨懟相尋。拈草樹爲刀兵，指骨肉爲仇敵。蟲以二口自齧，鳥以兩首相殘」。這是站在思想史的立場談當時的社會風氣，所謂「戾氣」、「殺氣」。十年後，吳飛先生在《浮生取義》中討論了自殺者常見的各種說法，比如「慪氣」、「賭氣」、「使氣」。他談到的氣，是中國人日常生活的經驗感受：本意是憤怒、生氣，引申爲自我人格價值的體現形式。

應星在他的著作裏也提到了氣。他在《大河移民上訪的故事》中寫到，農民們投入抗爭並不一定只是爲了利益，也未必完全是爲了權利，而是「爲一張臉和一口氣而戰鬥」。在《「氣」與抗爭政治》裏，他進一步把這種抗爭之氣定名爲「血氣」，也就是全書中主要討論的氣。

應星認爲，氣是一種與「激情」類似的東西。他說：「氣在中國鄉土傳統中既不是一種純生理的衝動，也不是一種純利益的反應。它是一種融合了本能與理性、道義與利益的激情，是中國人在人情社會中擺脫生活困境、追求社會尊嚴和實現道德人格的社會行動的根本促動力。」可見氣與西方意義上的激情還有顯著差別。西方傳統有三種馴服激情的方式：抵制、利用與制衡。現代以來，制衡的方法取得成效。人們利用理性，製造出兼具激情和欲望優點，而無二者缺陷的「利益」（interest），用它馴服了激情，最終形成權力、理性和利益三方主導的社會。相比之下，中國傳統中有關「氣」的論述混沌不明，向來沒有完整的體系。氣處於有形無形之間，可聚可散四處彌漫，難以把握。

在傳統的日常生活中，氣的作用是隱性的、陰柔的、克制的，被儒家倫理壓制著，輕易不能動彈。所謂「養氣」、「忍氣」、「禦氣」，無不包含著這樣的意味。與日常生活中的氣相比，公共生活中的氣則相當活躍。氣在民間組織、宗教團體裏能夠成爲倫理的一部分，所謂「義氣」；在群體抗爭中氣會從防禦變得具有進攻性，所謂「俠氣」、「匪氣」；在生存環境的壓力下，氣會變得極端和激進，所謂「流氣」、「刁氣」。進入現代以來，特別是一九四九年之後，當菁英階層瓦解，國家—個體的二元結構形成，經過革命倫理、均平思想以及權利意識的層層浸染，氣又成了敢把皇帝拉下馬的「鬥氣」。可見，在抗爭政治的框架裏，群體中的氣深受特定地域文化傳統、生態環境和社會結構的影響，不但比「激情」一詞複雜，也超越了「血氣」的一般含義。

當然，應星也沒有忽視「運氣」這種氣。爲此他多次批評了于建嶸在《抗爭性政治》（人民出版社）中所持的觀點。這種觀點認爲，一九九〇年以後，農民有組織的群體抗爭已經由「依法抗爭」轉變爲「以法抗爭」。所謂「以法抗爭」，是一種「旨在宣示和確立農民這一社會群體抽象的『合法權益』或『公民權利』的政治性抗爭。」應星認爲這個說法根本站不住腳。他強調，無論條件如何，抗爭始終是高風險的行爲。民衆要付出極高的成本，取得成功的機率卻小得可憐。冒險行事固然是必然的，可是如何用「踩線不越線」的技巧增大成功率，既需要抗爭者有不計後果的衝勁，又需要他們進行理性的算計。所以，中國農民群體抗爭具有幾個看似矛盾實則合理的特點：選擇抗爭目標秉持實用主義，選擇抗爭方式時具有權宜性、可計算性，然而一旦選定目標和方式，就會有類似賭博的心態，堅忍不拔，不計其餘。這樣的群體抗爭，是「氣」的抗爭政治，而不是于建嶸所說的政治抗爭。

應星在刻畫鄉村政治中氣的運行時相當自如，這明顯得益於他的田野研究。「怨氣」因爲哪些因素而凝聚，在哪些條件下轉化爲「怒氣」，「怒氣」怎樣擴散彌漫，在怎樣的空間內被什麼樣的道德震撼（moral shocks）事件點燃，發生情感上的閃爆現象，作者把敘事與歸納結合得很好。外部資源如何導入抗爭行動，草根領袖在抗爭政治中起了什麼作用，鬥爭策略有哪些，怎樣避免有人「搭便車」，或是清除「叛徒」和「內奸」，書中也一一涉及。應星還分析了政府對氣的加壓邏輯，批評了各級政府在維穩技術和策略上的粗暴與不智，並強調了氣的導引：抗爭者以情理法作爲自己的訴求原則，政府在化解矛盾時也應遵循這一原則。相形之下，應星對氣的概念辨析既不簡潔，也欠明晰——這個工作需要哲學更多的介入才行。所以，我對《「氣」與抗爭政治》相當欣賞的同時也略感矛盾。一方面我對抗爭政治研究中引入「氣」這一新視角饒有興趣。另一方面我又對「氣」的前景頗覺躊躇。因爲我認爲，在應星的視角與事實之間還有很多空隙需要填充。如果這些空隙填補不了，那麼這種理論就只是對現實的某種「應付」，而非「應對」。

但無論如何，我從書中感受到的精神始終是應對，而非應付的。在面對現實中險惡詭譎的維穩問題時，應星的身上也體現出「氣」的特質——那是學者的勇氣與志氣。

10

歉收的理解

《人類的主人：歐洲帝國時期對其他文化的態度》（商務印書館，二〇〇六年出版）是一部少有人關注的文化歷史學著作，作者維克托・基爾南（Victor G. Kiernan）很多人更是聞所未聞。關於他的資料實在稀有，中文版吝嗇得連一行作者簡介也不給。據說他是英國的一位馬克思主義歷史學家，畢業於劍橋大學歷史系，可能在愛丁堡大學任教過，到過印度，出版過一本《英國在中國的外交》（British Diplomacy in China 一八八〇—一八八五）。從他爲本書中文版寫的序言看，如果他還健在，應該八十多歲了。除此之外，我們所知甚少。我記得薩依德倒是在他的《文化與帝國主義》對《人類的主人》做過兩處援引，並稱讚基爾南的著述「重要而精彩」。他的評價無疑是準確的，但我實在沒有像他那樣看出《人類的主人》「很大程度上是基於馬克思主義的分析與假定」，相反，我認爲它是描述性的、實證主義的。

在書中，基爾南將十九世紀歐洲文明與其他文明之間的關係作爲主要的考察對象。他認爲，十九世紀正是歐洲帝國主義的鼎盛時期，也是歐洲文明與其他文明發生空前聯繫的時期。儘管早在一四九二年哥倫布發現美洲前後，歐洲與其他各洲已有不少聯繫，之後勃興的殖民主義逐漸成爲歐洲強國對外的行爲準則。先是西班牙、葡萄牙，後來是英國和荷蘭成爲歐洲殖民擴張史上的主力。但是要晚至十九世紀，經歷了數個世紀的內部爭鬥與震盪，待到宗教分裂、階級意識的覺醒、民族國家的形成等諸多元素具備，整體意義上的現代歐洲才眞正形成，一個相對穩定而統一的歐洲才眞正主宰了世界。此時，歐洲各國認識到他們在理性思考、世俗事務、科學發展上有著共同利益，瞭解到他們屬於同一文明，才有了區別於其他各洲的「歐洲意識」。其中，對於膚色和文化（colour and culture）的看法成爲歐洲獨特的精神面貌之一。就像基爾南譏誚的那樣：「詹森博士看到蘇格蘭高地住民時，覺得這些人和他從書本所得知的塔希提人一樣陌生奇怪。不過，只要蘇格蘭高地人一學會說英語和跳三步舞，就立刻變成了歐洲人。」

哪怕到了十八世紀，歐洲對於尚未染指的世界還充滿善意的想像。英法七年戰爭、美國獨立戰爭以及一七八九年法國大革命，歐洲內部的暴力與流血使歐洲人相信，那些和平寧靜的遙遠國度定然不缺少與歐洲平等甚至優於歐洲的文明。因此，在《格列佛遊記》中，格列佛就認定歐洲的擴張就「只是一張發給所有不人道與敗德行爲的執照」。亞當·斯密也認爲，歐洲征服其他民族的結果始終是巨大的、甚至是無以倫比的罪惡，其理不證自明。英國人一度對印度婆羅門階級禮遇有加，甚至認爲婆羅門教士是「哲學之庫」。最浪漫的讚美來自法國人，他們相信在中國，文人擁有歐洲知識份子嚮往的權力，得以直接管理人民。對此基爾南解釋說，一方面是因爲法國人是歐洲啓蒙運動的主角，視歐洲以外的文明爲人類文明家族的一員。另一方面那是因爲法國一直要到十九世紀才有像樣的亞洲殖民地。可是顯然他不清楚，至今一些中國知識份子還沉湎於當年法國人的幻想中尋找安慰。

一旦進入十九世紀，也就是歐洲帝國的全盛時期，情況就大不一樣了。如果說之前的歐洲人還是莽撞的冒險者，半走私商人半海盜地出沒在黃金海岸、麻六甲海峽以及廣東沿海，那麼現在他們已經搖身一變，儼然成爲其他民族的主人。基爾南從當時大量的遊記、書信、專著和文學作品中找尋資料，分別論述了印度、遠東、伊斯蘭世界、非洲、南太平洋和拉丁美洲等各個歐洲殖民地地區。在這些地方，偏見、蔑視、仇恨與肉體上的戕害一樣多。

當然，假設基爾南的寫作像薩依德所說的那樣，只是「基於馬克思主義的分析與假定」，那麼《人類的主人》就只會讓人厭倦。因爲相對於基爾南寫作的最初物件，即當代歐洲的讀者們，身爲原半殖民地住民後裔的讀者們可能在理解壓迫與宰制上並不缺乏眞實情感和經驗，也不需要過多的重複說教。基爾南的魅力恰恰在於，他在驗證那些殘酷的規律時，沒有忘記其中的差異：不同歐洲國家在殖民統治中的差異，不同殖民地人民對待殖民統治的差異，特別是不同文化在對待異質而強勢的歐洲文明表現出的差異。例如在法屬越南，有人讚賞法國殖民官員「雍容與平等」，相比之下英國官員「像狗一樣凶蠻、粗魯、驕傲」。當英國軍隊在緬甸大肆屠殺囚犯時，一個英國觀察者把法國在越南的殘暴行爲描寫爲「基督教世界的恥辱」。同樣是日本薩摩藩的領地，鹿兒島就遭到英國軍艦的報復性炮轟，而琉球群島的居民們卻和英國軍艦上的軍人斯文有度地交往，甚至互相戴上對方的帽子開起了玩笑。隨後，這艘軍艦的艦長就用大炮在廣東毫不留情地對付了中國人。

像這樣的差異在《人類的主人》中隨處可見，並因爲溢出於我們熟悉的概述性歷史而熠熠生輝，這種光輝似乎是對歷史普遍性的嘲諷。可能正是因爲如此，基爾南的嘲諷才沒有變成輕浮。所謂「人類的主人」，本是「上帝」的專利，卻成了帝國時期歐洲人對待其他文化時常常扮演的角色，從書名就不難體察到基爾南的譏諷之意。事實上，"The Lords of Human Kind" 也可以譯做「人類的上帝」。就我所見，還沒有哪位學者像基爾南那樣，通篇以詳實考據與冷嘲熱諷兼具的行文來描述歷史。

歷史向來有兩種主要寫法，一是記述，一是闡述。記述是客觀再現歷史情境，以便後人理解和認識特定人類在特定文化條件下的活動。而闡述則是要尋找人類歷史內在的邏輯關係。一本歷史學著述中這兩者雖密不可分，但仍有偏重。我認爲《人類的主人》偏向於前者。既然是偏重記述，那麼就不必期待基爾南會在書中得出什麼驚人的高論，而是欣賞其中一種諷喻的美感。可是，如果我們僅將整本著述看作是基爾南對前輩們的戲謔和嘲弄顯然低估了本書的意義。在結論一章中，他寫到拜倫曾經譴責這樣一種同胞：「念念不忘牛肉和啤酒；對所有外國事物充滿愚蠢而不理性的憎惡；對所有外國文字都有無可比擬的無能」。也寫到羅斯金如此奉勸他的國人：「但願哪，那非常喜歡用身體旅行的英國人，也能夠帶點靈魂遊歷！」歸根結底，基爾南是要爲今人展示因理解的缺失而變得可怕的過去，提醒我們尋找交流的正途。

過去的幾個世紀，不同文明之間的交流可謂是一種「理解的歉收」，那麼今天呢？我們會不會在充分的理解和寬容中獲得智慧的豐收？聯想到小布希「（十字軍）東征」的愚蠢口誤，再聯想到網路上狂熱的民族主義叫囂，誰敢說二十一世紀不會被另一個基爾南冷嘲熱諷呢？

11

書信中的伯林

MOUNT INTO BOOKS
Mount into Books
Mount into Books
MOUNT INTO BOOKS
Mount into Books mount into books
Mount into Books mount into books
MOUNT INTO BOOKS
Mount into Books mount into books mount into books
Mount into Books mount into books mount into books

十餘年來，以賽亞・伯林的大多數著作都出了中譯本，這使得他成為中國讀者比較熟悉的少數西方現代哲學家之一。伯林對消極自由與積極自由做出的著名劃分，他的價值多元論，他的民族主義研究，還有生動活潑的「狐狸與刺蝟」說，都極大地激發了人們的思考，並給觀念世界留下了深切的印痕。通過這些著作，人們體會到伯林的智慧、熱忱和敏銳，甚至可以構建起他的形象：一位既深知悲劇之痛，又深諳喜劇之樂的思想者。

然而，要將由觀念塑造成的形象還原為思想的血肉之軀，僅憑伯林的學術著作還有些不夠。就像伯林自己說過的那樣，在考察人事之時，要注意「結締組織」的聯繫作用。同樣，除非人們能在生活中找到伯林的精神脈絡，來聯結、整合和統攝伯林廣泛的思想領域，否則哲學家的形象很難靈動。

伊格納季耶夫傑出的《伯林傳》就起了結締組織一般的作用，《伯林談話錄》也有類似效果。不過這些作品畢竟不是第一手的材料，沒有展現其基礎的功能。而新近出版的《以賽亞・伯林書信集》則不同，它完全稱得上結締組織的「顯微結構」，因而意義特殊。

負責編輯書信集的仍然是令我尊敬的亨利・哈代。作為伯林的著作管理人，他一直致力於伯林書信的收集。哈代回憶道，上世紀八〇年代末，他向伯林提議出版書信集，出乎意料地得到了爽快的同意。但是伯林不同意將數量龐雜的書信精心挑選後予以出版的建議。他的意見是，出版的前提不是精挑細選，而「必須有大容量」。於是哈代遵從伯林的意見，一絲不苟地進行著書信的徵集、整理和編輯。目前推出的只是三卷本的第一卷，時間跨度爲一九二八年至一九四六年，即伯林十九歲到三十七歲的生活。

正因爲伯林一向對出版自己的作品持謹慎、懷疑和完美主義的態度，所以哈代才對他毫不遲疑的同意感到驚訝。伯林爲何要求書信集不必精心篩選，而應有巨大容量？哈代肯定知道原由，只是沒有挑明。讀完這本書信集，我個人認爲，伯林此舉大有深意。

伯林之所以有當代休謨之譽，其中一個原因就是他的哲學和休謨一樣，都包含著大量歷史與心理的成分。通觀伯林的哲學，他的思考未必是邏輯的，但一定是合乎人性的。而人性，在伯林看來，就像康德的那個比喻，乃是歷史與心理交織限定下的「曲木」，製造不出任何筆直的東西。

很顯然，伯林也是這樣看待自己的。他從來不寫日記，更不願意考慮自傳的問題。他還認爲，專注於自身根本就是無聊之舉。但是，從對待出版書信集的態度可知，伯林認爲要瞭解他的哲學，不能不瞭解他的歷史與心理——而書信恰恰是這樣的寶庫。

愛因斯坦在一封給友人的信中評價伯林說，以賽亞在他眼中就像是「上帝這個巨大但一般來說不怎麼吸引人的劇場裏」的一位十分明智的觀眾。反過來，伯林在給朋友的信裏說，愛因斯坦有一種「孩子般的殘酷無情」。這些文字未必是給予對象的客觀評價，卻反映了評價者本人當時的心理。這種眞實，在《以賽亞·伯林書信集》中俯拾即是。

在一次談話中伯林曾經說起，他八歲時在彼得格勒的街上看見一個警察被暴民拖行。臉色蒼白，掙扎著瀕臨死去。他說：「那是我永遠忘不了的一幕，給我一種終生不滅的對肉體施暴的恐怖感。」（《伯林談話錄》）而在他二十二歲的書信中，他也曾清晰地記錄暴民的形象：「全民公決那天，我第一次看到了眞正的納粹的模樣：一個臃腫的大胖子穿著一件褐色的制服，袖子上戴著紅底黑字的納粹黨徽，頭戴一頂鑲著銀色刺繡的小羊羔皮帽子。他醉得厲害，當時我正在咖啡屋裏，只見他搖搖晃晃地進了門，之後便被三個侍應帶了出去。」（一九三一年八月，致查理斯・亨德森。納粹分子發起全民公決，希望借此推翻普魯士社會民主黨，但未能獲得多數同意票。）

數年後，伯林就不再僅限於描述暴力了，他的思考轉向如何對抗暴力。在寫給一位朋友的信中，他借評論作家亨利・詹姆斯之際，批判了那些對施暴者畏首畏尾的旁觀者。他指責旁觀者逃避行動，將躲開的危險精心包紮起來，堆積在身後，「什麼都不做，只是談話和理解，在別人靠近的時候拘謹地發抖，在信封上寫字」，甚至見到簾穗捲起就會引起極大的心理恐慌。（一九三七年九月，致本・尼科爾森。）

究竟如何行動，伯林的態度也有不小的變化。他曾想做一名律師，也曾認眞考慮過記者、編輯這一類新聞職業。《曼徹斯特衛報》（後更名爲《衛報》）想找一位對外國事務感興趣的優秀的古典學學者，二十二歲的伯林很是動心。有意思的是，遙遠東亞發生的九一八事變竟然掀起了英國大學的政治學熱潮，伯林的哲學志趣也隨之變得堅定。一九三二年，他成爲牛津大學新學院的哲學教師，時年二十三歲。從那時候起，伯林對暴政就持毫不含糊的態度。他寫道：「自一九三三年起，我完全瞭解了納粹恐怖，非常清楚。我知道它很獨特、可怕，而且我沒有一刻認爲我們可以和它和平共處。」

二戰開始不久，在出版了專著《卡爾・馬克思》之後，伯林也想和他的大多數同事和朋友一起走上戰場，或者從事抗戰活動。但是由於他在出生時左臂受傷落下了殘疾，無法以普通的方式爲國效力。他一度頗感沮喪，向英國外交事務大臣寫信自薦，希望政府允准他「以半官方或是官方的身份去莫斯科，從事我們在那裏的代表希望我做的任何事。」（一九四〇年六月，致哈利法克斯勳爵）在另一封信中，他坦言自己「異乎尋常地關心民衆。那也許是眞實的改變。在許多地方，個人世界土崩瓦解了。我極其渴望在這偉大的歷史進程中做點事情。」他宣佈：「我們會贏的。」（一九四〇年六月，致瑪麗安・法蘭克福特）就在這一年，三十一歲的伯林前往華盛頓，開始了一段戰爭「宣傳家」的工作，任務是「把美國捲入戰爭」。他對朋友說：「我們在這裏的宣傳攻勢做得很不好。一年以前，沒有採取宣傳政策也許可行，可如今這樣的做法不再合適了。」（一九四〇年七月，致瑪麗・費希爾）伯林的戰時工作做得不錯，甚至贏得了邱吉爾和羅斯福的關注。

從個人性情的角度，《以賽亞・伯林書信集》也提供了與成長相關的有趣證據。二十出頭時，伯林給長輩的信中還在開諸如「爲了方便奧地利警方出於無意打開此信，特此申明」之類的無聊玩笑，但他很快就能意識到玩笑的不合時宜。他寫道：「我確實認爲那是竭力表現幽默，但卻弄巧成拙，表現得尷尬、枯燥而又笨拙的一封信。」（一九三一年九月，致查理斯・亨德森）事實上他很早就發現，知識份子常有的憤世嫉俗與己不合。他說：「我特別欣賞不左不右的人，就我所知，那是一種理想的生活。」就在這一期間，他在倫敦圖書館裏偶然讀到了俄國思想家赫爾岑的書。他回憶道：「完全是好奇心使然，我拿出一卷，從此就再也放不下了。他成了佔據我生活中心的人物。」

毫無疑問，伯林的成長得益於他與不同領域的衆多傑出之士的交往。這一點在書信集裏有充分的表現。伯林通訊錄上的人，大多活躍在學術界、政治圈、文藝圈以及新聞界。有哲學家，也有攝影師；有社會活動家，也不乏作家詩人；有首相，也有總統；有科學巨匠，也有音樂大師。從他們的書信來往中，伯林一直在實踐著他終生不渝的信念：從別人身上看到多個側面的眞相，從別人的身上發現自己缺少的東西，並運用熱忱、敏銳與自信的移情（empathy）能力去理解或追求它。譬如他與小說家伊莉莎白・鮑恩的通信就十分精彩。在他們的來往中，伯林顯得格外的坦率自如。文筆直白生動，而非一貫的詞藻華美。他向她描述一位流行小說作家「活像葛蘭素公司的廣告寶寶，總是與奶油、蜂蜜、果醬相聯繫。」也敢於直言不諱地向她表達對俗豔趣味的義憤。

書信集的正文截止於一九四六年三月。兩周後，伯林從美國回到了英國，開始戰後的學術工作。在一封信中他抱怨自己成了時代的落伍者，靠回憶打發死氣沉沉的日子。（一九四六年二月，致蘇珊・瑪麗・帕頓）然而事實完全相反。積澱了二十年人生經驗的伯林正成爲一個更加自信樂觀的人。我相信並期待，書信集的後兩卷爲此給出證明。

亨利・哈代優秀的編輯才華爲《以賽亞・伯林書信集》增色不少。儘管他非常謙遜地表示在這本書信集中，他所做的只是爲讀者提供理解書信所需的最低程度的眞實資訊，然而他做了更多細膩貼心的工作。就像他自己說的那樣，假如伯林是一位聖人，他肯定是邋遢鬼的守護神。可見哈代的付出是全方面的。除了準確的注釋，簡要的背景資訊，他還整理了不少伯林的訪談錄音，附在一些信件之後以助讀者理解。書信集的後半部分，哈代不僅借英國文化官員的日記爲伯林訪問蘇聯的經歷提供更豐富的細節，還輯錄了伯林的幾封專業性較強的函件、講稿，以供讀者賞析。他甚至找到了伯林就讀於聖保羅中學時的一篇競賽作文，題目就叫《論自由》。那一年，未來的自由主義思想家以賽亞・伯林只有十八歲。

12

馱著世界的巨龜在想什麼？

科幻作家泰瑞・普萊契（Terry Pratchett）在他的作品裏構思了一個碟形世界（Discworld）。那個世界像一個巨大的圓盤，周遭有綿長的瀑布，頂上是穹頂般的蔚藍天堂。「圓盤」之下有四頭大象，牠們站在一隻巨大的神龜背上，馱著世上的萬物漫遊於無垠太空。

普萊契的靈感似乎雜糅了古代希臘人和印度人的宇宙觀。古希臘哲學家泰勒斯很早就設想，大地乃是漂浮於水上的圓盤。古印度人則相信，這只圓盤由白象和巨龜馱著。普萊契之後，物理學家霍金也講過類似的笑話。只不過，在那個笑話中，馱著碟形世界的不是一隻巨龜，還有無數巨龜。普萊契的獨特在於，他賦予了碟形世界一種鮮明的時代特徵。準確地講，他寫的那個世界很像西歐歷史上的中世紀（約四七六年——一四五三年）。

如果把中世紀的西歐比作碟形世界，那麼支撐世界的結構性力量就好比巨龜——社會組織、政治制度等等，都是如此。對於「巨龜」們具有何等面貌體徵，歷史學家做了大量有意義的工作。在他們的幫助下，那段漫長的歷史已不再貼上「黑暗」、「野蠻」或「僵化」等刻板的標籤。時至今日，中世紀的政治、經濟、文化藝術、城鄉生活，都不乏高水準有見地的專著，值得一一閱讀。不過在此之列，《中世紀的思維：思想情感發展史》一書有些特別。這本書的重點不是可見的社會結構，而是結構中流動的、近乎能量一般的東西。換句話說，歷史學家亨利・奧斯本・泰勒著眼的不是巨龜的身體狀況，而是精神狀態——他要幫助讀者去瞭解那些馱著世界遨遊的巨龜到底在想什麼。

然而中世紀差不多有一千年之久，實在是太漫長了。一千年的情感和思想，必然有萌芽與成長，繁榮與衰敗，也必然有主流與分支，大勢與曲折。如何從中平衡全局與精微的關係，向來是歷史學家的難題，泰勒在《中世紀的思維》裏做得倒是相當出色。他首先提出，中世紀之所以成爲西歐歷史上一個獨特的時期，源於三個要素的相互作用。一是羅馬文明的遺存；二是基督教信仰；三是各個民族的天然稟賦與文化性格。這三大要素既相互衝突，又彼此相容，構成了中世紀的精神源頭。

三大要素存在對立的成分，從地理上看就一目了然。羅馬帝國的核心區域，也就是今天的義大利，以及帝國西部各省，即西班牙、葡萄牙等國和法國部分地區，一直是拉丁文化的「原產地」。即便帝國已經破敗，在這些地域，拉丁精神仍然是社會新秩序中的有機組成。但是，在遠離核心的地域，特別是日爾曼諸民族佔據的遼闊北方，帝國政治軍事的強大威力尚可達到，拉丁文明的力量卻難以洞穿那裏的魯縞了。當羅馬國力衰弱，「蠻族」就借無休止的戰爭，將他們的精神注入了歷史。尤其是民族大遷徙時期，在匈奴人的壓迫下，北方民族紛紛南遷。哥特人順多瑙河而下，劫掠東部各省；勃艮第人自立爲王，與帝國武力對峙；汪達爾人佔據突尼斯，然後從海上殺入羅馬；還有法蘭克人、赫路里人等等。他們與羅馬人對抗，同時又彼此交戰。在不斷的衝突與調和中，羅馬將蠻族「羅馬化」，蠻族也將羅馬「蠻族化」。最終，當蠻族於西元四七六年選出自己的國王，逼迫羅馬皇帝黯然退位，他們已經是羅馬軍隊的主要組成。

不過，只有等到盎格魯人、撒克遜人、朱特人等日爾曼諸民族西渡，征服了不列顛群島，並形成一支獨特的精神力量，中世紀早期的心靈版圖才算初具輪廓。可是假如沒有宗教的整合作用，這個版圖隨時有分崩離析的危險。長期接受拉丁文化浸淫的地方不必說，北方民族接受這種外來的新宗教則需要雙方都做出改變。幸好這時候的基督教信仰有了長足的進步，教父們努力使他們的原則更加明晰，論述更加精簡，同時包含更多謙卑的知識和教育的成分。很自然的，北方民族把「蠻族」的一些特性，譬如日爾曼人的勇敢和堅韌，凱爾特人的暴烈及虛無，盎格魯・撒克遜人的理性與獨立等等也添加到信仰中去。心靈版圖的整合過程相當漫長，可能到七世紀，法蘭克人建立的加洛林王朝，這一過程才告一段落。其標誌就是「丕平獻土」這一歷史事件。加洛林王朝的開創者「矮子丕平」進軍義大利，打敗倫巴底人，將羅馬附近的大片土地劃歸教會管轄，形成了「教皇國」。

泰勒將加洛林王朝時期的西歐比作停泊在港口的一艘船，正在裝載貨物。而那些貨物乃是「一桶桶的古代文化和一大箱一大箱的神學教義」。但是，要到十一世紀這艘船才駛出港灣，航行於中世紀的海洋上。換作碟形世界的比喻，我們也可以說，那些巨龜到那時才明白自己爲何承載世界而行。

對於十一世紀的心靈版圖，泰勒花了不小的精力來描述，原因也在於此。著作、詩歌、書信、民間傳說，凡是有文字留存的，他都善加利用。今日地理上的義大利、法國、德國和英國等西歐各地，人們當時思想情感的共同特徵，以及品性旨趣上的差異，他都做了詳盡的刻畫和對比。在他看來，那一時期的義大利仍然是中世紀精神的主要產地，法國的思想在比重上逐步增強，但在當時還不具備主導地位。德國才剛剛跨進中世紀的門檻，而英國呢，它還處在暴烈的鬥爭之中，基本上還不算進入中世紀。

到了十二至十三世紀，局面大有改變。英國、法國、德國的城鎮居民逐漸對中世紀的心靈世界產生了影響。這些靠手工業、貿易維生的人沒有爲精妙的思想、崇高的藝術以及迷人的文學做出什麼貢獻，但是他們無趣、虔誠而迷信的生活方式賦予了整個世界以柔韌和穩定，就像在脆而硬的生鐵中添加了有助於可塑性和延展性的合金元素。不過泰勒強調了，在《中世紀的思維》中他並不專注中世紀的世俗觀念，而是那個時代有見地的和建設性的精神。因此，除了對心靈版圖的細膩刻畫，他也注重時代精神的代表人物。無論他們是達米安尼那樣虔敬的隱士，還是蒙福特那樣勇猛的女騎士。他們身上的宗教狂熱、謹嚴思維和獻身精神交織一體，映照出中世紀的崇高與殘酷。在本書的第七編《十二和十三世紀的根本思想旨趣》裏，泰勒對中世紀的思想情感做了精彩的總結。更精彩的是，他的總結是通過分析《神曲》的方式達成的。

稍有遺憾的是，泰勒沒有著力於中世紀的晚期精神。也許，比《中世紀的思維》成書略晚的《中世紀的秋天》（約翰・赫伊津哈著）可以幫助我們瞭解，世界何以崩潰，巨龜爲何逝去。

13

宛如挪威的夏天

MOUNT INTO BOOKS
Mount into Books
Mount into Books
MOUNT INTO BOOKS

把外面的空間都讓給人群，待在家裏看閒書，這是最適合我的休假方式。很久沒讀小說了，找了一本陌生人的作品《外出偷馬》。作者是佩爾・派特森（Per Petterson）。按扉頁上的介紹，此人獲得過「國際都柏林IMPAC文學獎」，在挪威早有盛名。不過對我這種孤陋之人來說，他始終是陌生人。

其實我想要的，無非就是陌生。陌生是優秀文學應有的一種品質。很難想像，陳詞濫調的作品能帶來閱讀的愉悅——而這樣的小說偏偏比比皆是。《外出偷馬》的故事發生地足夠陌生，大部分經歷都在挪威東北部的林區。那個地方靠近瑞典，不僅遠離奧斯陸，與最近的城市埃爾沃呂姆（Elverum）也有好幾個鐘頭的車程。書中把這個城市寫做「艾弗倫」，就此我猜測譯家依據的是英文，並非直接譯自挪威語。

故事的主角傳德・桑達（天曉得正確的讀音該是怎樣）同樣令我陌生。這個六十多歲的老人，在三年前的一場車禍中失去了妻子。他賣掉自己的資產，離開兩個已成家的女兒，打算到山林裏結廬而居，度過孤獨而平靜的餘生。沒想到他在那裏碰見少年時期的一位舊人，勾起自己對十五歲那年夏天的諸多回憶。在梳理時而清晰時而模糊且讓他困惑一生的記憶時，他發現曾經塑造自己一生的那些時光，仍有不少眞相有待發掘。

然而必須承認，只有克服了翻譯的僵硬，讀者才能逐漸融入眞正的陌生。你得習慣老人起夜自稱「尿尿」，也得明白「看起來比我老」其實就是不那麼冗贅的「顯老」，「灑狗血」指的是過於抒情，而「馬大便」顯然有更通俗的說法叫「馬糞」。總之，水準一般的譯家一直與作者拔河，試圖把小說拉到低劣漢語的此岸，最終證明是不自量力——《外出偷馬》整體上依然簡潔樸素，有著一種克制所帶來的獨特魅力。

作家比較特別的敘述方式也給人陌生的感覺。因爲遭遇舊人的契機，老年傳德好像在昨天和今天之間建立了記憶的超鏈結，不斷在二者間穿梭。他首先憶起的，是挪威結束德佔後的一九四八年，少年傳德第一次去父親常待的林區避暑。一天清晨，他和同齡的玩伴約拿相約去偷馬。倆人在七月的霧嵐中划著小舟渡到對岸，一路踩著鬆軟的牧草來到農場，鑽過鐵絲網爬上白樺樹的高枝，從那上面跳到馬兒的背上。當然，說是偷馬，其實不過十五歲少年玩兒的刺激遊戲。傳德一開始就從馬上摔了下來，而約拿很快也讓馬兒歡快地跑開了。這乃是年輕人特有的鮮活青春，老年傳德在追憶中卻發現，即使是這樣一件小事也隱藏著疑團：爲什麼約拿從不與朋友的父親打招呼？爲什麼他對無辜的鳥兒那麼殘忍？

回首過往，傳德很快就意識到，外出偷馬這件荒唐事兒是他一生的「錨點」。他的朋友約拿正是因爲它，把留有子彈的獵槍放在不該放的地方，釀成無可挽回的悲劇，從此遠走他鄉杳無音訊。但是如果不是反覆地追索，以及幾個偶然的機會，他不會明白，那件事註定了更多人的命運。神秘失蹤的父親、幹了錯事的孩子、男女間的隱情、鄰居家中的生死，甚至未來的婚姻，還有子女的關係，像一束五顏六色的氫氣球，被「外出偷馬」這只剪刀剪斷了線，一個個悵惘飄散了。

像這樣一個依靠記憶的故事，很容易寫成晦澀的心理小說，充滿模模糊糊的感覺，或是大段的內心獨白。然而派特森比很多作家都聰明，在他的文字裏，重要的是動詞而不是形容詞。他把更多的筆墨用於準確地描述行動，而不是用來渲染情緒。小說裏有一段故事很能說明作家對「行動」的強調。其實，「外出偷馬」不單是少年人的遊戲，也是挪威反納粹行動的暗號。當年，傳德的父親和約拿的母親都是抵抗組織的成員，在行動中結下深厚的情誼。只是因爲各有羈絆，彼此都很難邁出決定的一步。是兒子說出的一句「外出偷馬」觸動了心事，父親才在接踵而至的種種變故中下定決心，與約拿的母親一起遠走。似乎是對照，作家還特別描述了他倆合力營救的一個難民：他自始至終都像一灘哭泣的稀泥，因爲毫無作爲而喪命。小說中一再提到狄更斯的《大衛・科波菲爾》，也在暗示行動的眞義。那個在苦難中奮力成長的男孩成爲傳德的最愛並不難理解。他懂得命運造成的諸多遺憾就像那山林間無可挽回的河水，餘下的痛苦只能用行動來慰藉，餘下的人生也只能以行動來塑造。

我想，與那些描寫殘酷青春和惆悵往事的作品相比，正是行動與命運之間的張力給了《外出偷馬》既凜冽又溫暖的陌生調子，就像挪威東北部的夏天。

14

與逆行者同路

西門媚的作品向來素樸。這種素樸，詩人席勒寫過，哲人伯林談過，小說家帕慕克還做了專題講座。最新的隨筆集《紙鋒》精萃了她十年的讀書心得，再次彰顯出作家這一難得的文學品質。

西門媚的素樸，部分源於審美。在文學創作中，她贊同海明威的觀點，服膺冰山原則。她相信冰山之所以雄偉，只因它僅有八分之一露出海面。她的隨筆，包括書評也是如此。在《紙鋒》裏她曾提到，自己在報紙上開過一個讀書專欄，介紹不易發現的好書，或者好書中容易被人忽視的內容，專欄的標題就叫「水下冰山」。可見，含蓄簡約，不矯飾、不誇張，一直是她的偏好。相應的，正如她所言，那些講大道理的作品和作家，那些滿口「聰明話」的「聰明人」，很難贏得她的好感。《紙鋒》時間跨度長達十年，卻在整體上保持著一致，顯然出自作家在這方面的清醒與堅持。

然而，假如素樸僅僅是西門媚的一種文學風格，其實不必多談。任何一個稍有修養的讀者自可感受，自可明辨。素樸其實沒那麼簡單。它不是未經雕琢的自然，乃是積累沉澱的渾然天成。它不是單純，更不清淺，而是歷經冶煉的摯貞。它既是西門媚的文學趣向，又是她對世界的看法。或者更簡潔地說，素樸是西門媚的哲學。

以「紙鋒」二字爲書名，或許已經透露了作家對素樸的理解。它應該柔韌，不可脆弱；它有些鋒芒，卻藏之於拙。就像西門媚談到的那些作家，風采萬千，各擅勝場，卻寫出了堅韌與鋒芒並舉的作品。

素樸如西門媚關注的高爾泰、鄭念和巫寧坤等作家。他們的遭遇大相逕庭，文字各有千秋。但在她的眼中，他們的氣質完全相通。作家們歷盡劫難，但從不隨波逐流。在無可逃避的壓迫下，他們承受並反抗，付出了難以挽回的慘痛代價，卻無怨無悔地追求著人格的獨立，身心的自由。在《紙鋒》中西門媚盛讚他們在作品中體現出的品格，堅韌克制，決不煽情，其實表達的就是對素樸的理解。她將那些文字視爲人性的素樸之光，儘管微小，經久不息。

與素樸相對的，感傷的文學不受西門媚的青睞。那些自怨自艾的作品，以及試圖從自我幻象的深井裏打撈月亮的作家，或許還在她的視野之內。倚靠青春荷爾蒙寫出來的作品則根本不在她的書單之列。譬如「垮掉的一代」，又或者莎崗。就連她喜歡的徐四金，在《香水》之後，筆下的人物顯得越來越自閉，她也就失去了探究的好奇。事實上，驅動《紙鋒》的動力之一就是西門媚對人類世界的好奇，以及她對探索人性的作家之好奇。其強烈的程度必將催動讀者，與她共鳴。

所以，西門媚尤其熱愛馬爾克斯、恰佩克和布林加科夫。她從他們的作品裏看到了探索人性世界的智慧和樂趣。由此她相信，容納萬物的胸懷、泥沙俱下的氣度和低空飛行的能力，會賦予寫作以力量。同時她坦承，自己不喜歡麥卡勒斯、格里耶、阿特伍德等人炫技式的機巧。她認爲詭辯、嘲弄和譏誚都會妨礙作家，也間接妨礙讀者去抵達人性的至深之境。即使如張愛、玲汪曾祺等才華橫溢之輩，假若失去了低空飛行的現實空間，作品也會蒼白無力。當然，細心的讀者將從《紙鋒》裏掠過的幾筆文字中發現，作家更不喜歡那些誤將愚笨當作素樸的作家。道理嘛，如上所述。

孔子說：「繪事後素。」西門媚不僅善文，也擅畫。她對素樸的理解無疑是深刻的。故而在《紙鋒》裏，她大力推薦王力雄、劉慈欣等作家。在西門媚看來，他們的文字雖不絢爛，卻展示出與現實密不可分的想像力。另一方面，從她對帕慕克、萊辛、菲茨傑拉德等人的欣賞來看，她也懂得設色無礙素樸的道理。她相信，作家們一步步拓寬領域的寫作態度，以及層層推進的藝術足跡，不僅爲文學創作，也爲人生理想帶來無盡的啓示。

「爲了自由，越界讀書」，乃是《紙鋒》中一篇年度讀書總結的標題。我認爲，這句話既是作家自身的寫照，也隱含著西門媚對讀者的期許：只要讀者願意追尋身心的自由，她將以文學的音調伴以素樸之歌。

第三輯

01

我們應該怎樣討論自殺

中國人民大學出版社的《新史學&多元對話系列》叢書新近推出了兩本專著，所討論的中心話題都是自殺。一本叫《浮生取義——對華北某縣自殺現象的文化解讀》（吳飛著），另一本題爲《「自殺時代」的來臨？——二十世紀早期中國知識群體的激烈行爲和價值選擇》（海青著）。同時閱讀這兩本書，就像觀察門對門的兩戶人家，十分有趣。

人爲什麼自殺？這是一個棘手的問題。卡繆曾經講，自殺是唯一嚴肅的哲學問題。這一論斷對存在主義者來講或許切中肯綮，對其他人則未必。比如有人就認爲，快樂才是現代生活的鐵律，一旦失去快樂，不如了斷生命。這樣的想法不能一律視爲輕浮。任何生活都是複雜的，同樣，任何死亡（包括自殺）都不簡單。

那麼，我們應該怎樣討論自殺呢？首先，我覺得這類討論必須要講實證。每個人的自殺原因都是具體而微的，不能大而化之。其次要有理論高度，沒有統攝全局的視野，討論就沒有意義。東一榔頭西一錘子，那樣還不如去幫忙搶救自殺者，起碼不白耽誤工夫。最後，還要有多元的眼光。所謂「橫看成嶺側成峰」，嘗試著多換幾個角度去看問題，得出的結論比較有說服力。

拿以上幾點要求做標準，我發現《浮生取義》稱得上自殺討論的傑出範本，而

《「自殺時代」的來臨？》則爲此提供了一份經典的失敗案例。

《浮生取義》雖說是一本以田野調查爲主的社會人類學著作，但是作者吳飛的理論能力也相當出色。比如他對涂爾幹以降現代社會學的自殺理論很熟悉，對十九世紀以來精神醫學的自殺研究也不陌生。不但如此，他還抓住了「自殺違背人性」這個核心觀念，把湯瑪斯・阿奎那、霍布斯、約翰・洛克等哲學家對自殺的理解梳理出一個大致清晰的脈絡，從而爲讀者理解中國的自殺現象提供了很好的參照。

自殺是人類的普遍困境，卻不意味著它在各地的實際狀況也是一致的。中國的自殺率爲什麼這麼高？（現約二點三，世界水準約爲一點零）農村的自殺率爲什麼高於城市？（西方各國城市自殺率均高於農村）年輕女性自殺的爲什麼比年輕男子多？（其他國家男性自殺率比女性高二到三倍）吳飛要回答的，正是這樣一些具有「中國特色」的自殺問題。

那麼，西方的自殺理論夠用嗎？不夠用。吳飛發現，中國的自殺現象與西方的根本不同在於，中國的自殺問題往往是正義問題，而不是精神疾病或社會失範——這個重大的區別需要更合理的解釋。他敏銳地指出，東西方對「人格」或者「自我」的認識迴然不同，導致了自殺現象的差異。其關鍵在於，中國人把家庭置於一個非常高的地位，而西方人不是。在中國人的世界裏，人的生命必須在家庭中展開，人格必須通過組建家庭方能實現，最好像「全乎人」（沒病沒災、受人尊重、父母公婆丈夫子女健在的婦女）那樣，過上幸福的日子。

既然家庭是中國人生活的核心場所，那麼「家庭政治」就不可避免。它要求家庭成員圍繞情感、人際和財產，玩起「家庭正義」的遊戲。而成員如果在遊戲中感到嚴重不公（用作者的說法叫「受委屈」），自殺現象就孳生了。這時候有生活經驗的讀者會明白，爲什麼中國的自殺現象那麼有「特色」，因爲在家庭政治中，失敗的往往是那些地位較低的成員：婦女、小孩和老人。

不過《浮生取義》很不適合概括，它的精彩更多地來源於作者筆下所呈現的豐富細節。這是我想格外強調的。

相比之下，《「自殺時代」的來臨？》一書的閱讀感受簡直糟透了。在這本書裏，海青向讀者描繪了一幅遠比《浮生取義》宏大的歷史圖景。然而我遺憾地發現，在作者的雄心與能力之間反差太大。

按照海青的說法，《「自殺時代」的來臨？》要在清末到「五四」這個時間段內，探討知識群體在面對暗殺、自殺、好殺等時代問題時，就生死、自我、愛情和倫理等生命問題所形成的意見和想像。先且不論他的眼界是否過於「宏闊」，我的第一個疑問是，爲什麼把那段歷史稱爲「自殺時代」？

然而令我驚訝的，海青從頭到尾都沒有給出一個明確的評判標準，更不要說定義了。以書中給出的數據，一九一六年京師、京兆的自殺者占死亡總數的比例分別爲四點三和一點零。這個數字比一九一五年如何，比一九四一年如何，比今天的自殺率又如何，書中沒有比較，也沒有其他交代。這說明他所謂的「自殺時代」，沒有統計學上的特徵。

是不是那個時代的自殺現象很特殊，足以撐起「自殺時代」這般大概念呢？好像也不是。精神錯亂、生計艱難、疾病纏身、家庭失睦、畏罪悔恨、負債難償等等，這些當年記錄在案的自殺原因沒有一條是特別的。

可是海青不管不顧，筆鋒一轉，就把自殺跟社會動亂、民生困苦很「自然」地聯繫起來。這未免太想當然了。照他這種思路，春秋戰國定然是自殺時代，三國混戰同樣是自殺時代，五胡亂華沒得說，那也必是自殺時代。憑什麼單單只有二十世紀早期獲得如此「殊榮」？我想也許海青會辯稱，特別之處在於，當時的自殺是前所未有的熱門話題。然而即便如此，恐怕他也沒抓住關鍵——不討論報刊雜誌這類新興的輿論載體本身的作用，自殺話題就只能是話題。

不必爲那個時代混亂的自殺數字耗費精力，無須爲瑣細而眞實的自殺原因狠下工夫，只要給「自殺時代」四個大字加上引號，難道一切就能解釋得通？作者想得通，讀者可能想不通。

謎底是作者在寫作過程中已經發現，最初定下的「自殺時代」根本無力完成，於是決定知難而退。就此他在《緣起》中這樣解釋：「我放棄了爲自殺問題劃定一個明確的邊界，而代之以『激烈行爲』的表述。」在《結語》裏他也承認，當這本書寫了一半，自己已經與原初設計的問題漸行漸遠，無法以自殺爲邊界寫完論文。我想，這大概就是他在書名上玩弄引號，繼而「附贈」問號的原因吧。

可是，這種「標題黨＋金蟬脫殼」的方式解決不了問題。「自殺時代」擱置一旁，「激烈行爲」難道就可以蒙混過關？打個比方，我用榔頭敲擊核桃。判斷這一行爲溫和還是激烈，標準可以大不一樣。可以是敲打的頻率，也可以是打擊的力度，還可以是核桃的破碎程度。可是在這本書中，作者給「激烈行爲」下了什麼可靠的定義嗎？沒有。

含混之處豈止作者的探討主題。從《「自殺時代」的來臨？》的謀篇佈局也可見作者思維的混亂。全書分爲上中下三篇，分別以「新青年」、「新女性」和「知識份子」爲考察對象。這種分類方式本身包含的邏輯謬誤，就像把人類分爲古人、女人和裁縫一樣可笑。它平白無故地爲作者自己的研究增添了困難。

像不少近現代史研究者那樣，本書的作者也嘗試著用「國家——個人」的框架來闡釋二十世紀早期的中國知識群體。二十世紀早期的國家狀況大致明瞭，可是當時的「個人」是什麼面貌尚存疑雲。用嚴復當年的話講：「或謂個人名義不經見，可知中國言治之偏於國家，而不恤人人之私利，此其言似矣。」（《群學肄言》，一九〇三）這本來是最值得著力發掘的領域。可是海青既沒有關注「個人」這個字眼從無到有的過程，也沒有強調「自我」發展的不同側面。這當然會讓他在具體的故事裏轉圈圈，無法從陳天華、秋瑾、朱謙之、馬振華、瞿秋白等等人物身上萃取出獨特的、具有代表性的人格來。

在運用社會學理論方面，作者也是生拉活扯。比如他套用歐文・戈夫曼的自我表演理論，來把握當時中國知識群體的自我意識。這顯然是過分僵硬的做法。戈夫曼說過，任何理論框架都是有邊界的，他的理論也不例外。他特別強調，他的理論歸根結底是一種修辭，一種技巧，更適合描述「室內的社會生活」，而文化因素、身份體系和宗教傾向則會制約它的發揮，因此在運用它時要格外謹慎。當海青用這種理論去考察自殺、暗殺、革命等行爲，我很難相信，他的結論稱得上嚴肅。

即使門對門的兩戶人家，差別也在雲泥之間——這就是我讀完以上兩本書的觀感。

02

我要點她點的菜

MOUNT INTO BOOKS
Mount into Books
Mount into Books
MOUNT INTO BOOKS

就一本科普性質的書籍而言，《竊言盜行》是一個略顯驚悚的譯名。其實原書標題更有意思，它來自電影《當哈利遇見莎莉》中的一段情節：一對青年男女在餐廳裏見面。一方不經意炫耀了自己的男性魅力，女方爲打擊他的這種自以爲是，遂當衆演示了一場假高潮。旁邊一位老婦見狀，誤以爲高潮的奧秘來自餐廳的食物，於是向侍者提出："I'll have what she's having"，大意是「我要點她點的菜」。據說，這句台詞被美國電影協會列入了百年百部電影的百句經典，位列第三十三位。而原書作者以此爲題，是想點出這個句子背後人類普遍的行爲模式之一——模仿。

模仿很重要，但它究竟有多重要，我們未必清楚。《竊言盜行》的作者們就是要撇開那些慣有的庸見，談一談模仿，特別是大規模社會模仿的重要性。

模仿之所以重要，奧秘首先來自於人腦。這是近三十年來蓬勃發展的認知科學爲人類理解所做的最大貢獻之一：人類的大腦無法嵌入啓蒙思想家或古典經濟學家假想的「理性人」模型，其特點與認知科學家的結論相符——注重效率、愛走捷徑、慣用直覺推測。自覺或不自覺地重複他人行爲的個體行爲，即所謂模仿，恰好滿足了大腦的以上「口味」。

神經科學家已經在大腦中找到了模仿的結構功能單位——鏡像神經元（mirror

neuron）。當生物個體在執行某一行爲時，或觀察到別的個體在執行某一行爲時，這種神經元就會像照鏡子那樣發放衝動，同時通過內部模仿的方式辨識這個行爲的潛在含義。比如說，當我注意到你拿起茶杯，鏡像神經元不但能幫助我快速地瞭解你喝水的意圖，還能幫助我對你所處的情境、所做的事情產生共鳴。不少科學家認爲，正是因爲有了鏡像神經元，鳥類、哺乳類才能學習新知，與同類交往。與牠們相比，只是因爲人腦中的鏡像神經元數量更多，種類更多，人類才成爲最擅長理解的物種。

除了神經生理上的基礎，從演化論的角度看，模仿也是一種具有高度適應性的生存策略——假如別人完成了某件值得你去做的事，你又何必絞盡腦汁地再想一遍呢？模仿成功者、模仿大多數、模仿領袖、朋友、親屬、長輩等等，儘管難免失誤，總體上都是較容易成功的行事策略。

個體模仿的生物學意義重大，群體模仿的社會學意義同樣不小。英國人類學家羅賓・鄧巴（Robin Dunbar）提出過著名的一五零定律，又稱「鄧巴數」（Dunbar's number）。他認爲，從大腦的生理結構看，人類只適合一百五十人以下的群體生活。一百五十人之內，人們相互知悉，群體穩定有凝聚力；超過這個數字，人際關係趨於陌生鬆散，群體凝聚力就會下降，變得不穩定。然而人類生活的事實是，我們多數時候都生活在遠超過這一規模的群體當中。群體的穩定與團結，要依靠更簡潔的原則、更嚴格的規範和更抽象的認同來維繫。可是，假如沒有模仿作爲傳播手段，無論原則、規範還是認同，都難以起作用。

博弈論者湯瑪斯．謝林（Thomas C. Schelling）有一段至理名言：人的大部分行爲是爲了回應其他人的行爲，而其他人的行爲又是爲了回應另一些其他人的行爲。在他所說的回應之中，模仿占了相當大的成分。如果說行爲互動是人類社會最基本的一種功能，那麼模仿就是行爲互動的主要工具之一。知識、發明、傳統以及文化，這些對於人類社會至關重要的東西，它們的傳播無不仰賴於模仿；觀念、潮流、運動、革命，這些帶給人類社會以創造、複雜和不確定的互動，也都離不開模仿。《竊言盜行》的作者們認爲，更深入地理解模仿的諸多模式，我們就能像理解雪崩、流瀑和野火那樣，理解大規模的、高度複雜的、具有突發間發性的社會互動。老實說，這很難，但是値得做。

簡而言之，一本薄薄的《竊言盜行》以認知科學爲筆，以模仿爲墨，從生理到心理，從個體到社會，粗線條地繪製了一幅人類互動的層級動態圖。不過要深刻理解人類行爲，就不應在這幅簡圖前止步。相反，我們可以把《竊言盜行》當作一份簡要的旅行指南，據此邁入人類理解研究的縱深之處。

03

五百年的歷史，預言不了未來

作爲一個兼具地理、文化與政治因素的混合體，所謂「西方文明」或「西方世界」，顯然不是石頭縫裏蹦出來的事物，而是時間長河中逐步構築而成的一項成果。而任何事物，只要它擺脫不了時間的屬性，就必然有強弱的變化，盛衰的趨勢。在《從黎明到衰落》一書中，歷史學家雅克・巴爾贊（Jacques Barzun）表示，西方文明無法自外於這一規律。

有人認爲，從時間序列上看，西方文明包括五大特徵：一是古希臘人創造了城邦和科學，二是古羅馬人發明了私法和人文主義，三是基督教倡導的倫理觀及末世論，四是「教皇革命」引發的教權與王權的分離，最後則是近現代的西方民主革命。巴爾贊大致認可這幾大特徵，但是在他看來，西方眞正成爲一個具有統一性、獨創性和多樣性的「雜燴文明」，並且能爲世界貢獻一套前所未有的思想（包括制度），還是在於最近的那個階段，即發生在近現代的民主革命。只不過，這一系列革命的開端既非一六八八年的英國光榮革命，也非一七七五年的美國獨立戰爭，或者一七八九年的法國大革命，而是距今五百年的新教革命。具體而言，標誌事件發生在一五一七年十月三十一日。那一天，馬丁・路德將他的《九十五條論綱》貼在了維登堡衆聖教堂的大門上。

對這一事件的強調，充分表明巴爾贊注重觀念的歷史觀。他想揭示出近五百年來塑造西方現代生活的思想力量——這一願望使《從黎明到衰落》這本巨著融合了文化史與觀念史的色彩，輪廓宏大，細節飽滿。

其實早在上世紀三〇年代，年輕的雅克・巴爾贊就打算寫一部西方文化史，一位長者打消了他的念頭。長者建議巴爾贊，將寫作的計畫推遲到八十歲之後，因為年輕人的知識儲備不足以寫出有創意的東西。而巴爾贊竟然聽從了這個相當荒唐的提議，八十五歲時才開始《從黎明到衰落》的寫作，九十三歲時方才完成。命運對巴爾贊眞可謂格外垂青！

當然，巴爾贊沒有辜負這種眷顧，他為此所做的畢生準備也沒有浪費。在如今這個越來越專業化碎片化的時代，這部著作體現出來的一致性和整體感都是世上罕有的。憑藉此書，巴爾贊本人亦堪稱胸懷全部人間事務，並對人類方向有判斷的人——西方學界誇他是「最後的文藝復興人」，正是基於這個道理。巴爾贊的敘事技巧也是文藝復興式的。在他的筆下，西方最近五百年由興至亡的歷程，猶如一幅長卷壁畫，色彩斑斕的同時，基調沉穩。

雖然巴爾贊提醒讀者，他所說的興衰，不帶什麼道德意味，純屬技術性的客觀描繪。不過就我個人的閱讀體驗而言，他的道德感恰好決定了這本厚達八百多頁的著作前後不一的分量。他分析時代較遠的歷史顯得目光清澈，把握較近的歷史時，思維卻似吉光片羽，缺乏力度、深刻，乃至智識上的好奇心。比如在談馬基雅維利的時候，他提到了一篇題爲《酒店雇員中的馬基雅維利主義》的論文，並且坦言，自己沒有興趣去流覽一下內容。

這微妙地透露出巴爾贊保守的菁英意識——儘管歷史學家似乎必然地具有這一氣質。這使得他分析西方的興起頭頭是道，說起所謂的衰落卻有些大而化之。是的，巴爾贊說過，在他的字典裏，衰落指的只是「減弱」，是可能性的喪失，而非終結或毀滅。但是，他贊同托克維爾和大衛・理斯曼（David Riesman），認爲平等的觀念把人們引入歧途的見解既不新鮮，也不切實際。「爲了追求彼此一樣，人們正在失去社會自由和個人自主」，這種見解使得巴爾贊看到了現代的無聊、疲乏和厭倦。然而，將這些東西當做主要的歷史動力，多少顯得缺乏根據。

在《黎明與衰落》裏，巴爾贊沒有忘記給予科學與技術一定的篇幅。但是，科技不僅是文化的催化劑，而且已經是文化生活的重要組成。這一點，巴爾贊似乎忽略了。在書中，他語帶諷刺地說，在西方文明的傳統中，一個英國文人不會用拉丁文做演講的結語，那是相當跌份兒的事情。同樣的，一個哲學家不懂得希臘文，或者一個僧侶不會幾句希伯來文，都是不體面的。可是，「二十世紀一個重要的特徵就是，知識份子第一次不需要掌握至少兩門以上的語言了。」我認爲，他的這句譏諷包含了雙重謬誤。第一，他明顯窄化了知識份子的範疇，進而過於強調了菁英的歷史地位；第二，他忘了，科學也是一門語言，而且還是一門很有活力的語言。

那麼，巴爾贊對西方衰落的判斷成立嗎？這讓我想起哲學家柯拉科夫斯基說過的一句話。他說，任何重要的思想，隨著它的影響日趨擴大，總是避免不了分裂和分化。在文化史上，從來沒有例外的記載。我認爲，《從黎明到衰落》出色地描述了一個爲人類貢獻重要思想的西方。不過很可能，作者誇大了它的分裂和分化，並且誤將未來的不確定視爲衰落。這精彩跌宕的五百年，並不預言什麼。

04

尋找男人

在讀到里奧・布勞迪（Leo Braudy）的新著《從騎士精神到恐怖主義——戰爭和男性氣質的變遷》之前，我並未意識到關於男人歷史的專著如此稀少。一位歷史學家曾經說：「沒有人會寫一部有關男性歷史的書。因爲只有女性才屬於反常的歷史範疇，而對男性則沒有必要刻意去解釋。」戴思蒙・莫里斯（Desmond Morris）曾經著有一本《男人和女人的自然史》。作爲一個動物學家，倫敦動物園哺乳動物館館長，他對男人歷史的描述很科學，但不夠聰明。而布勞迪將男人放到數千年從未停歇的戰爭中來考察，這一做法就聰明得多。毋庸置疑，戰場是展示和證明男人的最佳舞台。戰爭除了產生威武、雄壯、陽剛之類的形容詞外，也往往產生一個個經典的男性形象。布勞迪以戰爭爲主線，從歷史、文學、社會學等多個角度論述戰爭與男性氣質之間的複雜關係，這使得《從騎士精神到恐怖主義》變得有些野心勃勃——儘管布勞迪用厚達五百五十頁的篇幅勾勒出戰爭中男性氣質變化的曲線，但並不意味著他已經清楚地得出男人究竟是什麼的結論，而僅僅爲我們找到了男人歷史中的幾個節點。

大多數人之所以認爲男人就是男人，是基於男性身體這個似乎難以動搖的事實。男人是戰場永恆的主角。和女人相比，男人身體更強健，肌肉更結實，心肺功能更強，四肢更發達，最重要的是，男人不會懷孕，因此不會犧牲寶貴的戰鬥時間。這種絕對的性別差異看似有生物學基礎，但是性別分化和基因理論卻告訴我們，男人並非確定不變的。作爲一種社會性別，男性更是處於不斷的變化當中。如今，戰場上已不乏女性的身影，連恐怖主義者也開始利用女性人體炸彈發動自殺式襲擊。男人們不得不承認，布勞迪所說的「男性危機」迫在眉睫，已經到了該追問男人是什麼，男人怎麼了的時候了。

那麼，從漫長的戰爭史中，布勞迪找到了怎樣的男性標本？

男人典型：蘇格拉底──平民戰士

毫無疑問，荷馬的《伊里亞德》是我們熟悉的謳歌戰爭和男人最經典的作品。不過我們往往忽視了一點，那些英雄絕大多數不是職業軍人。服兵役是男人的天職，但這和把從軍當作一種職業選擇截然不同。前者是可敬的，而公衆最初對待後者的態度卻相當曖昧。

柏拉圖就更欣賞非職業軍人，他認爲職業士兵平常過於炫耀，關鍵時刻華而不實。在他的心目中，眞正的男人是他的老師蘇格拉底。在《會飲篇》和《論勇氣》中，柏拉圖分別借亞西比德和拉黑斯之口讚美蘇格拉底在戰爭中體現出的勇氣與堅韌。戰友回憶到：「當時我們的軍需供應被切斷，不得不忍著饑餓前進，在這種情況下，他（蘇格拉底）表現得比我，比所有人都出色。」作戰中蘇格拉底勇猛過人，卻從不炫耀戰功。他救了戰友的命，卻不願借此獲取榮譽。他甚至曾經在戰友驚詫的目光下一動不動地站著，陷入長達兩天的沉思。

布勞迪注意到，蘇格拉底在戰爭中的男人形象實際上體現了一種平民戰士的理想：當集體需要對抗敵人時，公民放下手中的工具，扛著自家的長矛走上戰場。這樣的戰士，依靠道德的力量，注重忍耐、勇氣和冷靜，絕不逞一時之勇，絕不炫耀個人。

平民戰士的理想曾經存在於古希臘和早期的羅馬共和國，但隨著曠日持久的戰爭成爲歷史主旋律，平民戰士就被職業軍人所取代了。在《論勇氣》中柏拉圖斷定職業軍人不過是缺乏靈魂的戰鬥機器，不可能具有眞正的戰鬥力，因爲那需要高尚的道德以及對集體的忠誠。但問題是，平民戰士的理想已無法維繫。在戰爭結束後戰士本應重新返回日常生活，可是暴力是人性與生俱來的東西，他們可能永遠無法回歸到正常的社會中去。嗜血的戰士如何順利轉化爲和平的市民？或許，軍隊職業化是一個無奈的也是必然的選擇。

男人典型：堂吉訶德——騎士精神

當戰爭成爲職業化的較量時，道德的力量就變得不那麼重要了，所謂男性氣質也就面臨著泯滅的危險。這時候，個人和家族的榮譽成爲男人追求的至高目標就不難理解了。有恩報恩，有仇報仇，爲幾百年前的一次家族名譽事件打個你死我活，騎士就在這樣的背景下出現了。

最初的騎士社會地位並不高，跟一般士兵差不多，出身農村，往往是沒有繼承權故而一文不名的次子。他們依附於領主，平常務農，戰時跟著領主出擊，在不怎麼光彩的戰爭中慢慢地有了積蓄。這時候，所謂榮譽跟他們還沒有多大的關係，那是貴族們的事情。而窮酸的騎士們離小貴族還有不小的距離。直到十二世紀，騎士才有了一定的社會地位。由教會發起的十字軍東征最終塑造了騎士這一特殊的社會角色，作家們也開始把創作的熱情傾注在他們身上。

在喬叟的筆下，騎士已經擺脫了以前的依附地位和類似一般職業軍人的身份，成爲「自由職業者」，個人主義英雄。這是男人的又一個歷史形象。最典型的例子當然是堂吉訶德。雖然賽凡提斯寫作的年代已是騎士的黃昏，但曾經親身經歷過騎士戰爭——哪怕是淒涼尾聲的作家通過愁容騎士的經歷準確地把握住了男人的精髓：個人榮譽、家族血統、英勇、忠誠和謙恭。

男人典型：作為生物性的和意識形態的男人

堂吉訶德是騎士精神的輓歌，但他也標誌著強調個人意志的新型男人的出現。與此同時，火器所帶來的革命性變化也徹底地改變了男人的定義。在此之前，所謂男人，事實上指代的是那些有教養的人，或者乾脆講就是那些貴族。伴隨著槍炮的誕生，那些笨重的刀劍、複雜的戰術訓練和矯揉造作的禮節都被拋棄了，一個農夫或婦孺都能輕易地擺弄槍支，扣動扳機。難怪有人哀歎：「軍隊就像一條河流，什麼垃圾都往裏面傾倒。」這讓布勞迪在討論十九到二十世紀戰爭與男人的關係時多少顯得顧此失彼。更加頻繁也更加血腥慘烈的戰爭中湧現了無數英雄，但你很難在拿破崙與阿拉伯的勞倫斯之間找到共同的東西。於是布勞迪不得不退回到在生物學領域和藝術領域尋找答案。

從古希臘的雕塑中可以看出，短小的陽具被認為是有魅力的，喜劇演員戴著巨大的假陰莖卻是為了嘲弄和博取笑聲，那為什麼現代人卻不可救藥地得了陽具崇拜症？為什麼越戰歸來的士兵沒有了榮譽感，反而要承受心理疾患的折磨？為什麼戰爭題材的小說不再塑造英雄而著力刻畫屍橫遍野的戰場和骯髒泥濘的戰壕？布勞迪發現，男人越來越多地出現在電影銀幕上和反對戰爭的遊行隊伍中。有趣的細節揭示了這一深刻的轉變：以前，戰士以濃密的毛髮鬍鬚強調自己的男人氣質。而現在，士兵們鬍子頭髮剃得精光，而反戰者卻蓄著長髮和鬍鬚。

《從騎士精神到恐怖主義》即將完稿時，恰是「九一一」事件爆發之日。正是這一事件使布勞迪在這本書中表現出來的勃勃雄心變得有些荒誕。作者認為，賓拉登的恐怖行動也可以看作是一種以自己特別的信仰在全球範圍內對男人進行重新定義的嘗試。不過在我看來，這種極端主義恰恰證明在戰爭中尋找男子氣概已是徒勞。

在本書中，布勞迪淵博的學識與駕馭主題的力不從心交織在了一起，或許這正是男人這個主題難以掌控的表現。但他的努力仍是開拓性的，值得尊敬。

05

依然是神話

傑佛瑞・邁耶斯（Jeffrey Meyers）的《印象派四重奏》是關於印象派畫家的又一部傳記作品——顯然不會是最後的一部。不過這個作家有他別出心裁之處。他選擇了馬奈與摩里索，德加和卡薩特這兩對四人的組合作爲主角，這眞是一個巧妙的選擇。就我所知，馬奈和德加是印象派畫家中最特別的兩個人。前者雖是公認的印象派領袖，卻被一些行家認爲不是一個眞正的印象派畫家，因爲他常常不按印象派一貫的原則作畫；後者則是馬奈領袖地位的有力競爭者，性格古怪，風趣而刻薄。至於摩里索和卡薩特，她們則是印象派中少見的女性畫家，往往被藝術史家們忽略。邁耶斯把這四個人安排在一起「演奏」，不管弦樂動聽與否，效果是非常突出的。

雖然絃樂四重奏可以理解爲任意四種弦樂樂器的組合，但實際上絃樂四重奏特指兩把小提琴、一把中提琴和一把大提琴室內樂類型。邁耶斯可能只是對馬奈、德加等四人之間的關係做一個形象的比喻，但我仍試圖從中分辨出不同的樂音來。

第一小提琴：馬奈

在有些藝術史家眼裏，馬奈成爲印象派的領袖多少有些意外。他是委拉斯開茲和德拉克洛瓦的信徒，而不像大多數印象派畫家那樣和巴比松畫派更有淵源。他比其他印象派畫家大了整整十歲，幾乎是兩代人。更重要的是，他一直固執地拒絕參加印象派畫展，大概在內心裏並不認同眞的有這麼一個持共同信念的畫派存在。但是他仍然成爲印象派畫家們崇敬的對象，公認的領袖。這是因爲馬奈的確代表了印象派畫家們突破傳統、力求創新的方向。這是邁耶斯沒有交代的。但是，邁耶斯通過細膩的經歷，找到了馬奈之所以成爲領袖的性格原因——堅韌、頑強，敢於挑戰世俗，對待觀衆和對待自己都有些冷酷無情。這樣的畫家才膽敢用《草地上的午餐》去激怒因循守舊的畫家以及道貌岸然的觀衆。同樣有性和色情挑逗，但對於觀衆來講，欣賞那些學院派畫家們筆下的裸體是多麼安全啊：神仙、聖女和傳說中的英雄。可馬奈竟然把裸女安置在兩個紳士中間，就相當於一個女人在觀衆當中脫衣服！

除了馬奈，沒有哪一個印象派畫家有如此膽量與氣魄。《印象派四重奏》裏，馬奈是當然的第一小提琴手，他演奏的是旋律裏高音階的部分。

邁耶斯在《印象派四重奏》中細膩地描述了馬奈與波特萊爾之間的交往。他認爲，在挑戰公衆趣味方面，更加大膽的波特萊爾讓馬奈增強了信心，這才有了更具挑釁性的《奧林匹亞》。不過，邁耶斯在分析畫作時卻暴露出才識的不足。他說《草地上的午餐》嘲弄的是提香，《奧林匹亞》則暗示著戈雅的《裸體的瑪哈》。如果他稍微用心看看提香那幅著名的《烏比諾的維納斯》，就會發現《奧林匹亞》與它之間存在的對應關係。女人躺臥的姿態、女僕的位置、被褥疊放的方式以及榻上的那只寵物，都明白無誤地表明馬奈更多獲益於提香而非戈雅。

第二小提琴：德加

我想德加可能很不情願擔綱四重奏中的第二小提琴，他不是一個甘於屈服的人。雷諾瓦曾經這樣評價馬奈和德加：「儘管馬奈那麼溫和、彬彬有禮，但他總是引起爭議。而儘管德加總是那麼刻薄、激烈、倔強，但從一開始他就得到學院、公衆和革命者的承認。」奇妙的是，這兩個人關係相當緊密，親密到互相傷害的程度。人們總是看見他倆在咖啡館裏爭吵不休。但在爭吵的背後，經常的，是和藹的馬奈率先向德加發難，而壞脾氣的德加卻能夠容忍侮辱，甚至爲其辯護——他得接受第二小提琴手的位置。

在他們兩人中間，我更多是被德加迷住，連他尖酸刻薄的語氣也很迷人。在德加的口中，他青年時代的夥伴是「一個瞭解火車時刻表的隱士」，畫的東西不過是「一個崇高的人的業餘之作」。他輕蔑地表示，那些畫中的獅子都是「用錶鏈拴住的」。他認爲健談的英國畫家惠斯勒「應該用舌頭畫畫」，而王爾德嘛，就是一個在郊區劇院裏扮演拜倫的角色。他曾經半眞半假地嚇唬他的印象派朋友們，因爲他更喜歡畫室作畫而不是站在田埂上揮毫。他說：「倘若我是政府的話，我就會組建一個特別憲兵隊，來監視那些畫自然風景的藝術家。哦，我不是說把誰殺掉，只不過偶爾發射幾發小號鉛彈以示警告。」朋友們因而對他既愛又畏。

在書中，邁耶斯沒有將德加的性情與繪畫畫上等號，這不失爲聰明之舉。但他仍然很成功地描述了一個智性和才情都堪稱天才的畫家，足讓我對德加畫作中令人暈眩的旋轉、富於韻律的線條產生新的認識。

中提琴和大提琴：摩里索與卡薩特

可是邁耶斯在書寫這首四重奏時卻把握不好中提琴與大提琴部分。他能夠認識到，馬奈與貝爾特·摩里索在羅浮宮的見面無疑是印象派藝術史上一次意義重大的相識——摩里索之後成爲第一個加入印象派的女畫家，而馬奈的畫作中開始不斷出現摩里索的形象，畫風也隨之發生了改變。但邁耶斯卻把兩個畫家之間的關係處理得像一部冗長的巴西連續劇，其間充滿了無端的臆測、不必要的嫉妒和曖昧的倫理關係，如果不是完全忽視也是相當輕率地對待了藝術家之間更深厚的情感。當然，也漠視了摩里索的才華。

邁耶斯對瑪麗·卡薩特的描述稍微好一些。從繪畫技藝來看，卡薩特不讓摩里索，甚至更好。在她的畫作中，人物造型扎實、畫面構圖嚴謹。在色彩的使用上，她受德加的影響不小，或許還有雷諾瓦。但她卻缺乏靈活運用亮麗色彩的能力。她的審美情趣始終是美國式的，繪畫題材也是。在她的作品中，母子總是富貴安詳，少女總是賢良淑德。每個人物好像都生活在暖氣過足的房間裏，紅潤異常。書中，邁耶斯引述了一段德加對卡薩特所畫的孩子肖像的評論，倒是相當精確：「一個和英國奶媽在一起的嬰兒基督」。

邁耶斯說他在《印象派四重奏》中運用文學的比較方法來闡明畫家們的性格和藝術，而對理論和觀念不感興趣。我比較認可他的說法，也覺得他在闡明畫家們的性格方面做得不錯。但是他對畫家作品的闡釋卻顯得力不從心，甚至有些業餘。看來，這位著名的傳記作家在處理海明威、菲茨傑拉德和奧威爾這樣的作家更加得心應手，而不是畫家。不過，作爲讀者和繪畫愛好者，我並不奢望印象派的故事一勞永逸得以完結。無論是馬奈、德加、畢沙羅、摩里索，他們依然是神話。

06

有人談過恐怖分子嗎？

「九・一一」那天，德里達正在上海訪問，哈貝馬斯待在德國南部的家中，不過很快，他們都到了紐約，對這一事件發表了看法。他們的思考輯成了一本書，書名很聳動，叫《恐怖時代的哲學》。儘管這本書的編者，也就是那位訪談者博拉朵莉（G. Borradori）不是一個合適的談話對象，老問一些傻乎乎的問題，但是兩位哲學家還是委婉地回答她，九・一一也許像她說的那樣獨一無二，卻未必特別重要。當這位女士把九・一一稱爲「我們一生中親眼目睹的最爲重要的歷史事件之一」時，哈貝馬斯輕柔地說：「如果以長遠的眼光來判斷，我們當代人此時此刻的想法眞的那麼重要嗎？」而德里達也格外體貼地提醒她：「當你說到九・一一事件時，你已經在蹈襲成說了，對不對？」

與哲學家的語境不同，時隔六年，剛獲得諾貝爾獎的作家桃莉絲・萊辛說話要嗆辣得多。她說，跟愛爾蘭共和軍在二十世紀的恐怖活動相比，基地組織發動的襲擊「確實不那麼恐怖」，美國人認爲九・一一悲劇獨一無二的想法太天眞了。萊辛的直言不諱肯定讓有些人感覺不舒服，不過，他們要是讀過她的《好人恐怖分子》（The good terrorist）就明白，作家的話有些道理。

其實這麼多年來，恐怖主義行爲從未銷聲匿跡，稍微翻檢一下歷史都能看見，今天活躍在國際政治舞台上的好些國家和組織，它們身後都有藏不住的斑斑劣跡。但說實話，最近一百年，除了國家之間的兩次大戰，恐怖不是時代的主要特徵。現在人們一談起「恐怖主義」，就像貼標籤似的，下意識地把它貼在令自己厭惡的任何事情上，則是另一種無知。不去仔細剖析行動者的觀念與行爲，無論談論什麼主義，最終都是一些褊狹的說辭——我們的問題就在這裏：談恐怖主義多，相較而言，談恐怖分子這類「人」少。在這方面，萊辛體現出了作家的敏銳與勇氣——要知道，她出版這部小說是一九八五年，正是愛爾蘭共和軍與英國政府的對抗最激烈的時期。

當然，作家塑造人物始終著眼於「這一個」，從小說中可以看出，萊辛無意爲恐怖分子繪製基因圖。具有一定常識的讀者，比如我也並不希望在她的小說中看到某類人物臉譜化的描述。但是，讓我驚訝的是，儘管作家專注刻畫的是特定的一個人物，然而這個人物所呈現的心理和行爲兩方面的特點，在我所見的人身上，甚至在我自己身上，都可能存在。只是經由作家的提醒，我才發現。

所以我不得不「劇透」一下，說說《好人恐怖分子》中的那個主角。三十六歲的愛麗絲其貌不揚，出生於英國一個殷實的中產家庭。父親是一家小印刷廠的廠主，母親是一個熱愛朋友聚會的家庭婦女，後兩人離異。愛麗絲從小生活無憂，但遭人忽視，長大後思想激進，一心想摧毀舊世界建設理想國。她和革命男友在母親家寄居了四年，沒有工作，靠母親養活，主要的活動就是刷標語上街遊行，直到被忍無可忍的母親趕出家門。兩人只好去尋找「組織」幫助，誰知那些人待的地方竟是一個廢棄的公屋，裏面斷水斷電，連馬桶都被房屋管委會用水泥封堵了，馬上就要拆遷。愛麗絲單槍匹馬與官僚、警察周旋，拿到了公屋的合法居住權，還自己動手修葺房屋，煲湯做飯，爲「革命事業」做一個全能的主婦。可是那些「戰友們」，包括她的男友不但享用她的辛苦勞作，還鄙夷她脫離不了中產階級的趣味。一心想得到承認的愛麗絲爲了更革命，做出了不少出格的努力，在極端的路上越走越遠，最終無法回頭，成爲了一名「恐怖分子」。

我開始思考，從萊辛塑造的愛麗絲到哈貝馬斯、德里達。一方面，按照哈貝馬斯的說法，恐怖主義是一種歪曲的、病態的交往模式；另一方面，不能輕視的是萊辛所描繪的這種人格：處於邊緣，渴望承認，心存高遠，卻缺乏對周遭事物的理解和同情。當然，我也知道，《好人恐怖分子》遠比哲學家的思辨更複雜更生動——要理解這個呈現出某些恐怖徵兆的社會，它值得我們好好讀一讀。

07

與網共舞

我們每個人來到世上，不僅是一個獨立的個體，也是社會網路上的一個節點。這種觀念並不新奇。亞里斯多德所謂的「政治動物」，孔夫子念茲在茲的「仁義」，其實都包含著類似的意思。可是，我們組成的社會網路究竟什麼樣，是微弱的還是強韌的？是單一的還是多元的？連接是如何形成的？又是靠什麼來運轉？到今天爲止，還有很多問題沒有解決。假如現在有人對你說，社會網路巧妙且強大，一旦連接在上，你朋友的朋友的朋友長胖了，你也會長胖；你朋友的朋友的朋友戒煙了，你也會戒煙；你朋友的朋友的朋友快樂了，你也會快樂，多半顯得過於玄乎。然而，這很可能是眞的。對此，一本叫《大連接》的書提供了一些很有趣的內容。

在自發的狀態下，人與人往往連接成複雜多態的多重網路，這本是常識。不同的傳遞物，譬如資訊、友愛、仇恨、金錢、病毒等等，依據自身的性質在特定的網路上生產和傳播，這也不難理解。問題出在權力身上。以權力爲傳遞物的固化結構會壓制社會網路，使得美好的事物難以生長。極端的情況，譬如國家的高壓下，人與人的連接關係任由權力拆解組合，社會只有組織，別無網路。當每個人都成爲原子化的個體，群體也就成了毫無連接的散沙，此時權力就能夠毫不費力地將其組織爲三種簡單的連接：水桶佇列、電話樹與戰鬥佇列——當然，它們也勉強可以稱爲網路。

所謂水桶佇列，好比大家排著長隊，通過左邊傳右邊的方式，將一桶一桶的水從較遠的地方運送到火災現場，它就是一個沒有支線的直線連接。而電話樹是一個整體上呈金字塔狀的鏈式網路。比如學校要求你打電話通知同學們假期取消提前開課，最方便的就是利用這種網路形式：電話通知兩個同學，讓他們分別打電話通知另外兩個，以此類推，消息就能及時便捷地傳達。事實上，電話樹也是老鼠會最愛的傳銷模式，騙子往往利用它發展一層又一層的「下家」，騙取驚人的財富。將士兵組成小規模的、彼此緊密聯繫的戰鬥佇列，則是實現軍事目標的有效方式。殷商軍隊以及羅馬軍團的基本編制均爲十人，就運用了這種連接方式。直到今日，現代軍隊的基本單位「班」，仍然遵循這一組織原則。

但是，假如一個社會只存在以上三種簡單的網路連接，那麼這個社會必然板結僵死生機全無。只有那些日常的、眞正的網路能夠自然生長，社會本身才可能走向繁榮。

實際上，形成複雜而有機的社會網路，不由權力的驅遣支配，而源於人類的天性。複雜有機的社會網路往往具有簡單組織無可比擬的優點。一個五世同堂的大家庭，一個成員過千的學生公寓，一個業主上萬的大型社區，乃至一個人口數億的國家，都是複雜有機的社會網路，具有結構性、複雜性、功能性、自發性等等特點。社會學家趙鼎新就曾經談到過，在學生運動中，起關鍵作用的往往不是班級、學生會或別的學生社團，而是像學生宿舍那樣的社會網路。

《大連接》裏講過一個眞實的小故事。在伊利諾州某小鎭醫院，一名美國患者對鄰床的一個中國患者說：「你知道嗎？在你之前我只認識一個中國人。他叫……來自上海。」這時候病房一角飄來一個聲音：「呀，那是我叔叔。」其實這個故事還遠不能說明社會網路的神奇。《大連接》的作者就發現，儘管個人的社會網路有限，但網路與網路的連接所涵蓋的範圍卻大得驚人。如果你從自己交往的所有人中任意選取兩個人，他們彼此也相識的概率大約爲52%。

如果將我們每個人比作神經元，那麼社會網路就是產生複雜功能的大腦。只不過，這裏所說的大腦，必然是複數形式的。那麼，是不是每個「神經元」在「大腦」裏發揮了同等的作用呢？不是的。在一個社會網路中，每個人的位置都是獨特的，作用也各不相同。比如說，一個天性活潑的人可以成爲網路中的活躍成員，而一個內向的人也可能是幾個互不相容的社會網路的居間聯絡者。可見，人是網路的核心因素。

這是不是意味著社會網路受我們每個人控制呢？也不是。這就好比一個蛋糕，它是用麵粉、雞蛋、香料等等製成。可是蛋糕的味道，卻不是上述成分味道的簡單疊加。社會網路的一大特性就是「整體大於部分之和」。如果我們對這一特性缺乏深刻的認識，就難以眞正理解社會網路。

在這方面《大連接》做得相當不錯。兩位作者古樂朋（Nicholas A. Christakis）和詹姆斯・富勒（James H. Fowier）把社會學的量化工具、政治學的實驗方法以及生物學的新成果結合起來，得出的結論既有趣又令人信服。這是一種「聯結主義」（connectionism）的視角，既不同於傳統的個人主義方法論，也不同於後起的整體主義思路。他們基本符合了社會學家諾貝特・埃利亞斯的理念。後者認爲，個人與社會就像一對舞伴，任何一方離開，這舞就跳不下去了。

08

《芝加哥手冊》的中國草案

從上世紀九〇年代算起，過去二十載，學術失範漸成中國學界的痼疾。但是最近幾年，隨著院牆之內的學術制度大面積失效，加上媒體以及公衆輿論的介入，學術失範這個詞甚至也成了一張紙，根本包不住醜聞的熊熊之火。在此背景之下，榮新江先生的新著《學術訓練與學術規範》難免給人來得太遲的感覺。然而，對於那些仍然有志於學的人來說，不從學術訓練和學術規範做起，又能從何處起步呢？從這個角度看，榮新江的這本著作沒有過時。

論說學術訓練與規範，榮新江是非常合適的人選。他是中國中古史的行家，尤精隋唐。研究領域涉及中外關係史、西域史、隋唐史、敦煌學等諸多方面。他自己說平日治學，頗爲龐雜，不過就我粗略的瞭解，其實他的歷史研究脈絡相當清晰。早在讀研究生的時候，榮新江就意識到敦煌學將在自己的研究中居於樞紐位置。歷史上的敦煌地處絲綢之路的咽喉，既是東西貿易的中心及商品中轉站，也是中華文化西傳的基地與西方文化東來的初染地，其重要性不言而喻。更重要的是，敦煌保存有大量豐富而寶貴的圖文材料，支撐起了一個多世紀的敦煌學研究熱潮。一個有識見的學者完全可以從敦煌的「十字路口」出發，在時間與空間上延展自己的研究，榮新江早年的學術道路大抵如此。

榮新江還注意到，敦煌以及敦煌學之所以成立，有一個因素絕對不可輕視，那就是維繫敦煌二百年相對和平的地方政權——歸義軍。這是一個驅逐吐蕃，歸附唐朝的漢人政權，在晚唐時期具有地方藩鎮的性質，到了五代時期，直至宋初，則成爲實際上的獨立「外邦」。這個政權既然遠離中原偏據西北，周遭回鶻、吐蕃、黨項、于闐等族環伺，加上與中央王朝關係複雜曖昧，其命運自然撲朔迷離。榮新江抓住歸義軍這條線索，就像抓住了一棵樹的主根，足可將枝枝蔓蔓的歷史連根拔起。他所涉及的西域、交通、魏晉、隋唐、五代等等，都隨之而起。

那麼榮新江究竟怎麼做研究呢？對此我知之甚少。不過早在二十年前，季羨林先生就曾這麼評價：「榮新江，最近若干年來，專根據敦煌寫卷以及其他史料，治西北民族關係史和歸義軍史，已在國內外著名雜誌上發表了一系列的論文，多有創見；英年如此，前途正未可限量。我對他所研究的範圍，無多通解，不敢贊一辭。我只知道，他用力極勤，搜羅資料，巨細不遺，想在他手下漏網，難如登天。他取得這樣的成績，決非偶然。」（《歸義軍史研究》序，一九九〇年）如果讀者有興趣去讀榮新江本人的著作，例如《中國中古史研究十論》、《敦煌學十八講》、《隋唐長安：性別、記憶及其他》等書，以及他主編的《唐研究》等學術刊物，我相信，定會對他孜孜以求的學術態度印象深刻。

然而只有通過《學術訓練與學術規範》這樣的書，讀者才會眞正理解，沒有扎實的學術訓練，沒有嚴格的學術規範，所謂學術態度就會淪爲一句口號，一種空談。在這本書中，榮新江所講的，就是如何把態度落到實處。在書中他差不多手把手地教人們如何翻檢古籍，如何收集石刻，如何流覽文書，如何追蹤考古發現，如何積累圖像材料，如何撰寫論文，如何寫書評寫札記等等，這從側面也反映出他自己做學問的一貫立場。從事學術，榮新江的主張是「竭澤而漁」，傳授研究法門，他也秉持毫無保留和盤托出的態度，這樣的學者現在的確太少了。

對於眼下的學術狀況，榮新江在他的著述中偶有抱怨。比如他曾經明言，有的學者不知道利用新材料，研究成果相當單薄；有的學者不注重學術積累，以爲找到一件敦煌文書就可寫文章；還有的人全不尊重他人工作，轉錄、轉抄他人校錄的文書，僅僅給出文書本身的編號，彷彿他本人是從英法等國直接抄得的。他還批評有些力主佛教海路傳入說的學者，雜糅前人舊說與自己的理解，卻不提供任何實證材料的做法令人失望。總之，學界存在的大量不重學術訓練，不遵學術規範的做法，導致低劣的學術產品層出，嚴肅學者不單受其累，還得花功夫來釐清這些不必要的謬誤，既耽誤時間，又浪費篇幅。（《中國中古史研究十論》）但是在《學術訓練與學術規範》裏，榮新江並未直接針對目下的學術流弊，而是著眼於正面意義的學術建設——我個人認爲這是非常值得推薦的做法。畢竟，成天在媒體上就抄襲、剽竊等問題相互指責，不能解決實質問題。不如做出一個學術研究的「三大紀律八項注意」，照單抓藥，按章辦事，監督與獎懲才不會衆說紛紜莫衷一是。這當然不是我的創見，事實上不少正視問題的中國學者一直都在講這一要點。譬如十年前歷史學家王笛就提出，目前最迫切、最需要、而且最容易做到的，就是編輯一本中國學術界通用的，像《芝加哥手冊》那樣的中國學術寫作及編輯出版手冊。可惜的是，十年過去了，並沒有一本公認與通行的手冊出現。

在《學術訓練與學術規範》中，榮新江再次強調：「我們要有自己的《芝加哥手冊》。」令我高興的是，他的呼籲是與實際工作相匹配的——這本書雖然標明是中國古代史研究的入門教程，但我敢肯定，它在諸多方面都稱得上《芝加哥手冊》中國版的一份草案。非常希望更多的學者參與到這項工作中去，催生出一本《中國學術寫作規範手冊》來。

09

知者亦有言

周振鶴先生的學術著作我一本未讀，他的隨筆集我卻願一覽無遺。之前通過集子《隨無涯之旅》對這位學者有了十足的好奇，後又找到了《中人白話》希望能多些瞭解，再後來連他的隻言片語都有些「迷信」了，乃至見某著述是他寫的序跋或推薦，也會格外看重。一方面是因爲周先生的學識令人信服，另一方面大概也是因爲他寫的實在太少，正所謂知者不言嘛。

沒想到周先生竟以《知者不言》爲題幽自己一默，剛出的新書厚達三百多頁。原來，知者也有太多的話要說。

像周先生以前的隨筆集一樣，《知者不言》依然遊走在學術與現實之間，像稜鏡一般折射著來自雙方的光。他是歷史地理和文化語言學方面的行家，學術上的功力自不待言，思路卻不夠「經院」。相反，他假想齊國而不是秦國統一中國，兩千多年的道路是否會不一樣，議論那些在人們印象中一本正經的「大詞」，無不透出尋常夫子不曾有的活潑。譬如什麼「革命」、「經濟」、「主義」等詞語的來歷，我雖也有大致判斷，如果不讀此書，終難免人云亦云。如「資本」一詞，我向以爲乃是從日本傳入，沒想到它與「資本家」各有來由：資本原是土產，資本家的「家」才是地道東洋貨。又如liberty和freedom由洋文如何成了漢語的「自由」，如何蛻變成日本的自由澡堂、自由糖、自由藥丸和自由帽子，又如何在政治上被曲解誤用，周先生寫得雖然簡短，其間譯者們的謹慎與使用者的放肆卻刻畫得相當鮮明。

讀《知者不言》，除了讀周先生的學問，也讀他背後更廣闊的東西。讀學術中人關心什麼樣的課題，還關心什麼樣的世事。例如書中談到的黃嘉略，周先生以爲在許明龍先生的著作《黃嘉略與法國早期漢學》之前，黃的名字「相信對任何人來說差不多都是陌生的」，其實史景遷早在上世紀九〇年代就講述過黃嘉略的故事。黃的生平經歷，以及如何影響孟德斯鳩等人對中國的認識，都寫入了《黃嘉略的巴黎歲月》一文，收錄在《中國縱橫》裏。不過從學者們對黃嘉略這個人物的關注可知東西方彼此渴望文化交流的熱切，也大致知曉漢學研究出現的新思路新方向。又如周先生在《老虎窗與歪阿索》中談到廈門人將鋼絲繩稱爲「歪阿索」，實際上是wire（金屬絲）和繩索的拼接，卻全然沒有提及另一個更著名的辭彙「吊威亞」。相信他如果看了本屆奧運會的點火儀式，可能會多補充一些港台影視知識。

偶爾，《知者不言》中的周先生也小小刻薄一下，他說讀錢穆的《國史大綱》，須得先具備書中序言裏所規定的中國文化天下第一的信念，才能達到錢先生所期望的讀後感。明顯不厚道，不過相當符合事實——權當是周夫子於故紙堆裏伸懶腰了。

10

中國宗教研究的《聖經》？

MOUNT INTO BOOKS
Mount into Books
Mount into Books
MOUNT INTO BOOKS
Mount into Books mount into books
Mount into Books mount into books
MOUNT INTO BOOKS
Mount into Books mount into books mount into books
Mount into Books mount into books mount into books

楊慶堃先生的《中國社會中的宗教》被譽爲中國宗教研究的《聖經》。這一至高讚譽來自另一位以中國宗教研究見長的學者，漢學家歐大年（Daniel Overmyer）。這大致說明了兩點，一是《中國社會中的宗教》的確是一本中國宗教研究的經典著作，二是所謂「聖經」的「酷評」來自同行，業外讀者未必當得了眞。是否能當眞，還要看楊著在時間的檢驗下其範式的恒定性還可以保持多久——儘管它成書於一九六一年，已經經歷了四十多年的考驗，但畢竟是英文版，直到不久前，它才被翻譯成中文。

從《中國社會中的宗教》裏可以看出，像大多數從社會學入手的宗教研究者一樣，楊慶堃也不可避免地籠罩在馬克斯・韋伯巨大的身影下。正是在這個巨大的籠罩之下，楊先生產生了他的學術困惑，亦作出了價值不菲的學術創新。

楊慶堃先生說：「在歐洲、印度和中國這世界三大文明體系中，唯有中國宗教在社會中的地位最爲模糊。」的確，在歐洲的發展進程中，宗教制度和組織所起的作用是明確的；宗教對印度社會生活各層面的滲透相當徹底，其作用在印巴分裂的事件中足以說明。只有中國，在國家功能和結構中處於支配地位的是儒學，宗教的地位相當模糊。這是首先令楊慶堃先生感到困惑的。

考察歷史，楊先生清楚地看到，在中國強大的神職勢力並不存在，占主導地位的是世俗取向的、持不可知論的儒家傳統。在這個傳統中，高級士紳基本沒有任何宗教背景。在歷史上，中國在多數時間裏沒有強大的、高度組織性的宗教，也沒有教會與國家之間長期無休止的鬥爭。但是，這是不是意味著大多數中西學者的觀點是對的？即把中國社會視爲一個不重視宗教，甚至「非宗教」的社會？就像胡適認爲的那樣：「中國知識份子獨立於宗教」，就整體而言，「中國是個沒有宗教的國家，中國人是個不迷信宗教的民族。」

楊慶堃先生所質疑的，恰是「非宗教」這一主流觀點。他認爲那只是因爲宗教在中國社會生活中所起作用的研究太缺乏系統性。因爲經驗告訴他，與中國宗教的模糊地位形成巨大反差的是，「在中國廣袤的土地上，幾乎每個角落都有寺院、祠堂、神壇和拜佛的地方」，太多的民間社會研究資料也能佐證這種經驗——在順德一個名爲桑園圍的村裏，一百六十一戶人家有五間廟、祠堂和神壇，平均三十二戶有一間廟。

他在書中還舉了一個頗有說服力的例子：一九四九年夏天，廣東南慶的一個村子的村民毫不吝嗇地花了大約五百美元舉行廟會，慶祝土地公的誕辰。同時卻無力募集到同等金額的錢款修繕水利，也募集不到哪怕三分之一的錢供窮人家的孩子讀書。可見，中國並不是一個「非宗教」的社會，相反，宗教在中國社會中有著強大的、無所不在的影響。

楊慶堃先生敏銳地指出，胡適等近現代中國學者的「非宗教」觀點，「部分地是對全球化世俗化潮流的回應。」中國知識份子通過「非宗教」的觀點，是想達到所謂「理性化」的目的。但稍具諷刺意味的是，他本人的宗教研究也不得不回應學術全球化的潮流。所謂「學術全球化」，在當時具體而言，就是韋伯的宗教理論。

韋伯將中國民間信仰稱爲「功能性神靈的大雜燴」，這種語帶輕蔑的詮釋無疑是楊慶堃先生研究的動力之一。然而，如何應對韋伯的詮釋首先要解決的問題是宗教的定義。以韋伯爲代表，西方學術界很大程度上是以基督教模式爲參照物來定義宗教的。故而，傳統上宗教的定義是有著正式的組織性體系的，並有非常明顯的結構性地位的信仰體系。宗教的社會學研究也一直運用「教會—教派」（Church－Sect）的理論方法。這種理論方法明顯無法對中國的宗教研究進行有效的說明和指導。以這個視角觀察和研究中國宗教，無異於捕風捉影，因爲這樣的「宗教」在中國幾近於無，甚至乃是多餘。

在《中國社會中的宗教》裏，楊慶堃先生最突出的貢獻在於使用結構功能的方法，區分了宗教的兩種結構。一是制度性宗教（institutional religion），一是分散性宗教（diffused religion）。前者有自己的神學、儀式和組織體系，獨立於其他世俗社會組織之外。後者其神學、儀式、組織與世俗制度和社會秩序其他方面的觀念和結構緊密相連。這種理論上和方法上的創新，擴大了宗教的定義，更巧妙地突破了傳統的宗教社會學研究的局限，讓人頓然有柳暗花明的感覺。

用這種二分法我們可以看到，佛教、道教是中國主要的制度性宗教，它們有獨立的關於世界和人類事務的神學觀或宇宙觀，有獨立的包含象徵和儀式的崇拜形式，有由人組成的獨立組織。而實質上奉行不可知論的儒家，也有類似的宗教性質。同時我們還更多的看到，由灶神、魯班、關公等衆多民間神明崇拜爲代表的所謂分散性宗教深深滲透到了世俗制度當中，與人們的生活緊密相連。如此，「制度—分散」的解釋框架將多元化的、蕪雜的中國宗教現象化約成了清晰和易於理解的宗教秩序。可以相信，《中國社會中的宗教》提出的「制度—分散」的解釋框架將對中國宗教社會學研究發揮持續性的影響。

爲了適應中國本土宗教的特點，楊慶堃先生的努力成就斐然。但畢竟，宗教概念在他的筆下發生了不小的變動，故而此宗教與彼宗教在功能上仍有很大的區別。治病、求偶、求子、求財，很難與西方式的宗教情懷掛上鈎來。所以，楊先生可以反駁中國宗教沒有發展出全體救贖的觀念，但他卻拿不出更有說服力的論據。這固然是社會學研究本身的缺點，也反映出西方理論對本土研究的強勢擠壓——如何做到中國理論與實際的無縫焊接，仍然是一個嚴峻的課題。全書讀完會發現，楊慶堃先生試圖確立宗教在中國社會中的結構性地位，實質上還是爲了回應韋伯那個著名的命題，曲線地解答宗教與社會進步的問題。如果稱《中國社會中的宗教》爲《聖經》，那麼書中那個隱匿的上帝不是別人，就是韋伯。

從這個角度看，楊慶堃先生的《中國社會中的宗教》更具有起點意義，而非其他。

11

重回鬥爭現場

一九九〇年，經歷了十年內亂洗禮的秘魯展開了一場激烈的民主選舉。在衆多的總統候選人中，一位小說家和一位數學家脫穎而出，進入了最終的角逐。他們分別是大名鼎鼎的作家馬里奧・巴爾加斯・略薩，以及秘魯國立農業大學的校長阿爾韋托・藤森。略薩與秘魯的菁英階層關係緊密，而藤森因爲貧寒的背景而得到了民衆的支持——他的父母是來自日本的移民，一直在學校看大門。

當時略薩認爲，藤森根本不是他的對手。他在後來的回憶錄《水中魚》（Fish in Water）裏寫道：「誰願意把選票投給這樣一個人呢？」除了少數的軍人和目不識丁的百姓，藤森並不爲大衆所瞭解：沒有像樣的政治資歷，沒有管理團隊，甚至沒有在首都之外做過競選宣傳，這樣一個缺乏創意、缺乏競選準備的競爭者如何可能取勝？

然而事實是，略薩獲得的選票雖然比藤森多出5%，但他們二人的選票均未過半。在最後一輪投票中，戲劇化的轉折出現了，藤森最後以57%對34%的優勢當選爲秘魯總統——正是略薩瞧不起的軍人和文盲將藤森送上了寶座。

在《水中魚》裏，略薩描述了自己在面對藤森的支持狂潮時的錯愕之情。但是他或許沒有眞正理解到，在秘魯的那場艱難的政權交替中，「鬥爭政治」

（contentious politics，一譯「抗爭政治」）也在發生相應的變化。特別是鬥爭政治在形式上發生的種種變化，即查理斯・蒂利常講的「鬥爭劇碼」（repertoires）的創新，對轉型中的秘魯政治產生了極大的影響。略薩以爲，政治是在書房、會議室和宴會大廳裏展開的，實際上政治卻在街頭，在電台，在民衆的心裏。他的失敗，絕非偶然。

所謂鬥爭政治，就是包含著以下要素的社會生活：鬥爭、集體行動以及政治，三大要素缺一不可。隨著時間、空間、訴求者與訴求對象組合方式等條件的變化，鬥爭政治的具體形式一直也在變化。如果說一九九〇年之前，秘魯的鬥爭政治主要是因應軍人政府的武裝鬥爭，例如以秘魯民族英雄命名的「圖派克—阿馬魯革命運動」在山區的遊擊戰，以及毛派組織「光輝道路」在利馬策動的罷工和襲擊等等。那麼進入民主轉型時期的秘魯，其鬥爭劇碼已經發生了可觀的改變。就像人們後來所見，民粹主義的興起、社會運動的勃發、選舉活動、輿論動員、媒體宣傳等等，這些新興的鬥爭劇碼幫助藤森打敗了略薩，繼而贏得了憲法本不允許的連任。之後，更新的鬥爭劇碼又將第三任中的藤森暴露於醜聞之中，逼得他辭去職位，最終身陷囹圄。

在《政權與鬥爭劇碼》一書中，蒂利描述了不少像秘魯那樣跌宕起伏的政治舞台，目的在於揭示政權與鬥爭政治之間既衝突又合作的關係：政權形式如何塑造鬥爭形式？鬥爭形式又如何塑造政權形式？

由於掌握了更多的政治資源，相對而言，政權在應對鬥爭政治時處於比較優越的地位。不同類型的政權體制會對各種政治資源，例如強力、資本和信義等予以不同的組合運用。它可以運用或威脅運用法律制裁、警察力量等強力手段，可以用經濟利益、社會地位等資本手段獎勵、購買或拉攏對手，也可以運用信義手段激發對自身的信任和忠誠。這些方法不同的組合運用，會形成要麼偏向於壓制，要麼偏向於促進的具體對策，從而將集體行爲區分爲指令型、容忍型和禁止型等三種活動類型，要求鬥爭政治予以符合。

相應的，鬥爭政治在回應來自政權的這些壓力時就會產生鬥爭劇碼的變化與創新。舉例來說，在低權能、非民主的政權下，鬥爭劇碼較少，其暴力程度明顯較高。而秘魯，就像我們現在看到的，上世紀八〇年代末至本世紀初，它正處在政府能力較弱、民主程度較低的形態向高權能、高民主政權轉變的道路上。於是，略薩輸給了善用民粹運動的藤森，而藤森又輸給了新一波的民主浪潮。

作爲政治學家和社會學家，查理斯・蒂利帶領我們重回鬥爭政治的現場，去觀察政權與鬥爭政治的互動關係。他就像一位視野宏闊的藝術家，用剛健有力的筆觸爲我們勾勒了鬥爭與歷史、文化和社會相互交織的多幅圖景。遺憾的是，這些圖景輪廓初就，未及細描和渲染。因爲病中寫完此書不久，蒂利就去世了。

12

自我顛覆者的肖像

阿爾伯特·赫希曼（Albert O. Hirschman）是我心目中了不起的人物，百年來罕有的知識英雄之一。他一度被人們視爲具有遠見卓識的經濟學家，其理論和實踐對發展中國家的經濟都產生過重大的影響。但是後來，他的名字不斷地出現在政治哲學家和行政管理專家的筆下，他的觀點也頻頻爲歷史學家所引用，或被社會學家所贊許，說明赫希曼終究是一位不易定位的、原創力和豐富性兼具的思想家。

而在我看來，與多數書齋型學者大異其趣的是，赫希曼的思想與人生有著更加緊密的關聯，其學術上的自信根植於對現實的貼近，使得他猶如高空俯衝的猛禽。我曾經寫下《神秘博士赫希曼》一文，大致交代過赫希曼的問題意識與個人經歷的深層關係。但老實講，那都是基於他的學術著作和有限的二手材料。現在好了，赫希曼的文集《自我顛覆的傾向》可以給出更直接的答案。因爲很大程度上，這本書可以視爲一本思想自傳。

據我所知，直到二〇一二年去世，赫希曼並沒有留下一部像樣的自傳。很多朋友敦促過，但他表示，任何自傳式風格的著述始終是「過分沉溺的」。他說所謂自傳，幾乎相當於這樣的一個最終告白：我已文筆枯竭，再無思想可述。不過話鋒一轉，他願意承認，假如自傳式的寫作有助於闡發思想，也不妨偶爾爲之。

《自我顛覆的傾向》凸顯了赫希曼對人生回顧的這種微妙態度。在文集裏，特別是第二部分的短小篇章中，他談到了曾經在人生關鍵處遇見的那些逝者與老友。但凡涉及到自己的經歷，赫希曼一概克制。儘管如此，他也明白，那些人那些經歷，在改變他的履歷之際，也影響過他的觀念、思想，乃至性格。

假如按照時間軸的順序，赫希曼的人生無疑在不斷地切換身份，令人眼花繚亂。他時而是投身政治的青年，時而是追求知識的學生；時而是國際縱隊的戰士，時而是研究經濟的學者；時而是抵抗納粹入侵的志願軍，時而是營救猶太人的活動家；時而是二戰中的美軍士兵，時而是第三世界的政府顧問。但是從《自我顛覆的傾向》中我看到，那不是命運之光映照下的一個個凝固剪影，而是靈魂涓滴成河的完整「生態」。

表面上，身份變化乃是時代動盪使然。但是稍微留意就不難發現，赫希曼恰好是這一趨勢的反動者。在人人都不得不隨波逐流，至多順勢而爲的時代大潮中，他的身份切換所體現的，卻是強烈的個人意志。換句話說，從不滿十八歲的青年到八十多歲的老者，他的人生幾乎全是主動選擇的結果。我甚至覺得，某種程度上講，赫希曼像一個存在主義的榜樣——他在書中也承認，自己多年前就被卡繆的《薛西弗斯神話》深深打動。

然而我猜測赫希曼不大可能認同「他人即地獄」之類的說辭。一直以來，他像抵禦海妖歌唱的尤利西斯那樣，一邊抵禦現實的束縛，一邊反對意識形態的教條。爲什麼如此？赫希曼的解釋是，起作用的是他的性格裏那種「自我顛覆」的傾向，使得他受不了任何一成不變的東西。他甚至呼籲，對自以爲是的成見予以質疑、修正和反對，應該成爲一種具有吸引力的人類美德。

那麼，這種自我顛覆的傾向會不會讓人成爲優柔寡斷的哈姆雷特呢？赫希曼認爲不會。實際上我覺得，他將一部分自傳式的文章嵌在學術文集當中，本身就是想證明，思想和行動不過是一體兩面密不可分的東西，而人們完全可以從它們的衝突中汲取前進的力量。

這一點赫希曼二十歲出頭就清楚地認識到了。當年他獲得獎學金，剛從巴黎大學到倫敦政經學院進修，西班牙內戰就爆發了。在姊夫的鼓勵下，他第一次投筆從戎，以國際縱隊戰士的身份參戰。之後他在義大利生活了兩年。這段時間，他更是深受年長他六歲的姊夫克羅尼（E. Colorni）的影響。他在書中寫到，作爲堅定的反法西斯主義者，克羅尼和朋友們把私人生活與公共生活聯結起來的方式，畢生令他景仰。這種方式就是：用智識上的質疑精神點燃參與公共事務的熱情。毫無疑問，從那時候起，赫希曼就開始勾勒一個自我顛覆者的自畫像。

13

作家看人，我看作家

● MOUNT INTO BOOKS
Mount into Books
Mount into Books
● MOUNT INTO BOOKS
Mount into Books mount into books
Mount into Books mount into books
Mount into Books mount into books mount into books
Mount into Books mount into books mount into books

V•S•奈波爾（V. S. Naipaul）的書我讀得不多。有關他的印象，除了《河灣》，其來源也就是《米格爾大街》。不過我不大喜歡他這一類作家，身份模糊的困惑、去國離鄉的悲愁，像道道刻痕遍佈於文字當中，往往使得他們的作品顯得情感鬱結思維執拗。所以當我翻開奈波爾的《作家看人》一書時並未有多少期待。相反，我倒有一個不無刻薄的念頭：作爲一個七十多歲的老人，他現在的寫作，無非是跟這個時代做一次漫長的道別。

然而，讀完《作家看人》，我承認自己的想法有些不公平。是的，他在回憶，這本書也的確可以視爲作家的告別絮語。但是在那些拉雜絮語中散落著不少粗礪得硌人的石頭——那是對他所認識、結交以及目光觸及的衆多人物的評論——與我的刻薄相比，這些評論要彪悍十倍。

譬如，奈波爾是如此評價他和安東尼．鮑威爾（Antony Powell）的關係的：「友誼能夠持續如此之久，也許就是因爲我不曾細讀過他的作品。」在書中，這個鮑威爾被他描述成一個年歲已老仍自以爲成功的二流作家，被圈內人在背地裏抱怨，寧願花錢叫他不要繼續寫作的人，一隻「冬天的獅子」。但同時，奈波爾也坦率地承認，在他窮困潦倒的日子裏，正是這個平庸的鮑威爾幫助他度過了難關。在某種程度上，沒有鮑威爾，就沒有奈波爾。讀到這些章節，我得承認，很少有人會像奈波爾這麼幹，將自己的朋友置於判若冰炭的評價中。這讓我對奈波爾的認識更爲複雜。一方面，他似乎比任何人都坦率。但另一方面，我又覺得他很勢利。因爲他在承認自己受惠於朋友的同時，深怕別人誤會他們在文學上有任何共同之處。

像這樣的評價還有很多。他譏諷格林厄姆．格林是一個天天盯著報紙的庸人，對政治有著難以理解的好奇心。稱格林的小說《文靜的美國人》是被時人過分推崇的「未卜先知」之作（因爲它描述了即將爆發的印度支那戰爭）。他直截了當地說亨利．詹姆斯的小說詞藻優美空洞無物，伊芙琳．沃的《軍官與紳士》矯揉造作油腔滑調，毛姆的《面紗》對他毫無裨益。這些評價恐難稱得上公允，卻恰能體現出奈波爾的複雜。不知爲何，我覺得這相當有魅力。

與之形成鮮明對比的是，奈波爾在描述德里克．沃爾科特（Derek Walcott）時，他所流露的罕見的柔情。沃爾科特是聖盧西亞的詩人兼劇作家，一九九二年諾貝爾文學獎得主，比奈波爾大幾歲。雖然他們很晚才見面，但同爲加勒比海地區的作家，少年成名的沃爾科特顯然對奈波爾產生了不可磨滅的影響。他一直關注著沃爾科特。就我的理解，他可能將沃爾科特看作自己文學之路上的行人——並非相伴相隨，卻因走在相同的方向而相互鼓勵。同時，因爲雙方保持了距離，也使得奈波爾對沃爾科特保持著敬意。

從奈波爾對沃爾科特的敬意裏也可以看出他的驕傲。他說，在有些人的想像中，每個從事文學創作的人死後都會帶著自己的作品接受「文學聖彼得」的評判，然後靈魂按照作品評判的高低結果過著有名或無名的生活。而實際上他認爲，「所謂文學共和國……並不存在」，每種寫作都是特定歷史與文化洞察力的產物。言下之意，他和沃爾科特所具備的能力，不是每個人都可以學到的——英美的寫作學校正在幹著類似的事情。我不得不承認，奈波爾是對的。我甚至看出他在寫下這段話時腦海裏所浮現出的幾個名字：阿蘭達蒂·洛伊（Arundhati Roy）、裘帕·拉希莉（Jhumpa Lahiri）……這個文學之魔，他是對的。

讀完《作家看人》，我想繼續讀到奈波爾的書。

14

三十年的持久魅力

MOUNT INTO BOOKS
Mount into Books
Mount into Books
MOUNT INTO BOOKS
Mount into Books mount into books
Mount into Books mount into books
MOUNT INTO BOOKS
Mount into Books mount into books mount into books
Mount into Books mount into books mount into books

八十年代末的夏天，我站在新華書店的開架書櫃前，用了差不多一個星期的時間讀完了劉小楓的《拯救與逍遙》——作爲一個高三學生，四塊六的書價可是不菲。

在那個時代，一個中學生閱讀這樣一本書並不特別，至少我知道，在我的同學中間不乏尼采、海德格和沙特的愛好者——沒人敢說讀懂了他們，但現在想起來，閱讀這件事本身已讓我們受益匪淺。

如今來評判那些著述，尤其是改革開放前十年的那些著述，如果不持一種多少有些成王敗寇的心態，往往會遇到意想不到的困難。因爲很有可能，當時反響巨大的書其影響力不一定能持續到今天，反之，當時並不很「紅」的著作很有可能在數年乃至十數年後才被奉爲經典。歷史的巨手翻雲覆雨，厚古薄今和與時俱進都不見得完全正確。當今天我們拋卻時間的序列就會發現，在《美學散步》（宗白華著，上海人民出版社，一九八二）與《美的歷程》（李澤厚著，文物出版社，一九八一）間，在《隨想錄》（巴金著，人民文學出版社，一九八〇）與《傅雷家書》（傅敏編，三聯書店，一九八四）間，在《人啊，人！》（戴厚英著，花城出版社，一九八〇）與《男人的一半是女人》（張賢亮著，四川文藝出版社，一九八四）間，是否存在內在價値的高低値得研究。在這種大背景之下，劉小楓的《拯救與逍遙》（上海人民出版社，一九八八）算得上一個異數。

在總體上，中國的近三十年歷程被視爲一個自上而下的體制改革時期。可以看到，在這個過程中，中國人的觀念發生了巨大變化。這種觀念上的變化相當程度上也是自上而下發動的：改革的發動者提出了「實踐是檢驗眞理的唯一標準」的著名主張，開始告別具有烏托邦色彩的社會主義理想，轉而尋求一條以「四個現代化」爲中心訴求的社會主義現代化道路，它要求全社會的重心向經濟建設轉移，事實上也規定了以一九七八年爲標誌的上世紀八〇年代早中期中國人觀念變化的主要內容。這個被後來的學者稱爲「思想解放運動」的時期，其主要任務是配合現代化建設進行「生產力」在觀念上的解放，或者進一步講是將「人」從政治人還原爲經濟人的一次不徹底的解放。在文化和思想領域，傷痕文學、反思文學、改革文學以及它們所衍生的影視作品在這場思想解放運動中起了重要作用。劉心武的《班主任》、魯彥周的《天雲山傳奇》、古華的《芙蓉鎭》、蔣子龍的《喬廠長上任記》、柯雲路的《新星》等等，都是這一時期的代表。

無論「傷痕」、「反思」還是「改革」，爲當時的人們在觀念上沖決僵化教條的樊籬起了重要的作用，但由於思想解放運動自上而下的固有特徵，這些創作往往並沒有一個生老病死的自然過程，它們的出現和結束都被外在的力量決定了。而它們所暴露出的膚淺、狹隘、軟弱與不徹底也相應地在人們的觀念中顯現，以至於有人認爲它們要爲當時以世俗導向的實用主義負上責任，而忽視了它們同樣是觀念本身。

大概到了上世紀八〇年代中期，體制留給觀念變革的空間變得越來越狹窄，基本上以政治觀念改造爲核心的所謂思想解放運動呈現出疲態。但是循著它的邏輯演進，觀念變革開始在政治之外以及體制邊緣尋找發展的途徑。這時候，已經批量進入讀者視野的西方文學作品和學術著述經過一番消化，開始以「本土化」的面目出現在人們面前。這種本土化，實際上是一次將西方現代性觀念與本土經驗相結合的實驗。這一次，「文化」取代了「政治」，成爲所謂新一輪啓蒙運動的關鍵字。

在文學方面，經歷了一番思想上的激越之後，不少作家感到所謂「文化」對人類的深刻影響，其中以韓少功、阿城等人開啓的「尋根」文學令人矚目。早在一九八五年，韓少功就在一篇題爲《文學的「根」》的綱領性論文中談到：「文學之根應深植於民族傳統的文化土壤當中」，以此「立足現實」，去「揭示一些決定民族發展和人類生存的謎」。張承志的《北方的河》、韓少功的《爸爸爸》以及阿城的《棋王》是「尋根」文學的代表之作。

在學術方面，學者們也提出了類似的主張。例如甘陽就提出：「中國要走向世界，理所當然地要使中國的文化也走向世界。」而「中國文化的現代化」是實現現代化的前提，是有識之士的共同信念，也是「當代中國偉大歷史騰飛的邏輯必然」。（《文化：中國與世界》，第一輯，三聯書店）

從現在看來，與思想解放運動相比，新啓蒙運動更具有民間色彩。在這場運動中，有三個文化學術團體起了非常重要的作用，它們分別是《走向未來》編委會、《文化：中國與世界》編委會和中國文化書院。以劉小楓、甘陽爲代表的一批青年學者逐漸成爲觀念變革的中堅力量，與這三個文化學術團體的成立以及它們的出版物密不可分。事實上，如果不對當時那段觀念變革的歷史進行相當篇幅的回顧，就很難完全讀懂劉小楓的《拯救與逍遙》。因爲從某種意義上講，作爲《文化：中國與世界》所主編的人文研究叢書之一，《拯救與逍遙》是那場新啓蒙運動的學術代表作。

將《拯救與逍遙》視爲新啓蒙運動的學術代表作，首先是因爲它與當時的主要著述共有的問題意識。正如劉小楓在該書的修訂版序言中所說：「不斷在歐洲小說和哲學中尋找某種東西，心中掛念的仍然是相當含糊的『中國問題』。」關於這個所謂的「中國問題」，不同的學者有不同的表述，它時而被描述成中國傳統與西方現代話語的對應，時而被比喻為民族之間的角力，時而被概括為東西方的文明衝突，但有一事實為大家所公認，用劉小楓的話說，這一事實就是現代中國與西方的相遇，它是「中國問題」的實質。以《文化：中國與世界》編委會為例，甘陽、劉小楓、陳平原、李銀河、陳嘉映、錢理群等人，這些主要來自北京大學人文學科和中國社會科學院的青年學者們高舉人文主義的旗幟，引進西方各種思潮，同時開始通過一些形式上的整合，用以分析中國各種具體的歷史和現實問題，所著眼的無非是這個「中國問題」。譬如，杜小真的《一個絕望者的希望——薩特引論》、陳平原的《中國小說敘事模式的轉變》等都是當時的成果。但是不得不承認，這些作品無論在技巧的成熟度上，還是在方法論的自覺性上都無法與劉小楓的《拯救與逍遙》相比，因而無法取得同樣的學術地位，也沒有產生與之相當的影響力。

當然，技巧上的成熟度、方法論的自覺性尚不能說明《拯救與逍遙》的優秀。在探究「中國問題」時的思考路徑上，劉小楓可謂獨樹一幟。在這個「中國問題」

的結論上，劉小楓也得出了迥然不同於衆人的答案。這使得《拯救與逍遙》既是新啓蒙運動的代表作，也成爲反思啓蒙反思現代性的處女作。何光滬先生當年在讀了《拯救與逍遙》後寫了一篇評論，他稱讚該書內容豐富，洞察深刻，「不僅在內容上跨越古今中外的藝術意境和文學、社會心理和哲學、宗教精神和神學，而且穿透這些文化、意識形式的厚重沉積，直抵其核心深處的社會、歷史和人生的最根本問題」，是一部關於苦難、超越與愛的大書。（《這個世界最需要愛》）同時，他又認爲書中文句帶有當代青年特有的稚氣，表述也頗有不嚴謹之處。但是從現在看來，當時的劉小楓是否眞的抵達了人類問題的最深處可能值得懷疑，但是他在整部著作中敢於用一種二元對立的角度，以基督教化的所謂絕對價值猛烈攻擊虛無主義（這是我很難認可的）的中國傳統道德，所體現的那種堂吉訶德式的視野與勇氣都是極少見的。

可以這麼說，與劉小楓的才華相比，他在思想上的早熟令人更加吃驚。事實上，《拯救與逍遙》不僅是新啓蒙主義的代表作，也是反啓蒙主義的先聲。就像他自己所說，《詩化哲學》（山東文藝出版社，一九八六）時期的劉小楓還不能擺脫企圖融貫中西思想的「窠臼」，而在寫作《拯救與逍遙》時他已經獲得了某種恒定乃至絕對的價值立場。他將其稱為基督信仰。須知，當時的劉小楓不過三十歲。很顯然，思想上的早熟賦予了《拯救與逍遙》既瀟灑脫又激越的氣質——例如書中他對魯迅的尖銳批評，不僅樂黛雲先生這樣的寬厚學者感到憤怒，據我所知，也令當時不少讀者深感震撼。一定程度上講，這就是《拯救與逍遙》的迷人之處。

有意思的是，《拯救與逍遙》的早熟氣質似乎暗合了命運的跌宕。當此書一九八八年初版時，恐怕作者本人並沒有想到那個意氣風發的時代即將被迫中斷，而「拯救與逍遙」的主題不僅意外地為那一時期的文化討論畫上了句號，也以它內在的反啓蒙主題預告了今後中國觀念變革中一段沉寂寥落的路。

遽變的時局將本應引發更多熱議的《拯救與逍遙》塵封起來，一轉眼就是十三年。等到二○○一年《拯救與逍遙》推出修訂本時，情況發生了變化。經歷了人文精神的討論、國學熱以及「左右」之辯，特別是經歷了更為深廣的全球化，當年的《拯救與逍遙》越來越像一個遙遠的神話了。此時劉小楓對它進行的大幅度刪改，乃至重寫說明了這一點。在這次修訂中，劉小楓放棄了「比較詩學」的說法，更為直接地將中國傳統的超脫精神與西方傳統的救贖精神視為相互對立的「精神衝突」。同時，他一方面降低了批判儒家文化的音調，另一方面增強了批判現代虛無主義（無論中西）的力度。從前的慷慨灑脫消失了，一變成了沉穩持重。字裏行間，昂揚與激越似乎也變爲自信與優雅。有趣的是，這本修訂過的《拯救與逍遙》比起當年的初版引起了更多的關注與追捧，令我頗有時空錯位之感。

是的，時隔多年，儘管拯救與逍遙這個主題總能喚起讀者對探尋生命價值與意義的熱情，但作者本人的關注點早已不在於此。以至於我會產生這樣的疑問，這本修訂過的《拯救與逍遙》還是原來的那本書嗎？因爲在我看來，在一九八八年初版的《拯救與逍遙》裏，劉小楓曾經有過一個中國人的「中國問題」，但他現在有的，如果不能說是一個西方人的中國問題的話，那麼稱爲一個基督徒的中國問題大致是合適的。就像劉小楓在修訂本序言中所透露的心聲：「如果將來眞的重寫『拯救與逍遙』，我也許會命名爲『逍遙與拯救』。」

在這三十年中要數出一些曾經產生巨大影響的書並不難，但要找到像《拯救與逍遙》這種具有持續影響力的書卻是不易。沒讀過二〇〇七年再版的此書，但我相信，未來三十年，「拯救與逍遙」這一主題還將具有持久的魅力。

15

艾布拉姆斯的三項特長

艾布拉姆斯（M. H. Abrams）是以浪漫主義文學研究聞名的文學理論家。老先生出生於一九一二年。他在上世紀三十年代就讀哈佛，取得博士學位，後來長期任教於康乃爾大學，是該校「英國文學一九一六級終身教授」，還是《諾頓英國文學選讀》的總編，以及各種文學教科書的重要編者。也就是說，在歐美文學批評領域，艾布拉姆斯是公認的權威，響噹噹的人物。在中國，艾老先生也很有名，作品很早就有譯本，每有佳句必被人引用。可是，如果要人們概括幾點老先生的文學批評理論，估計沒幾個人答得上來。要知道，在這個領域，大家都在絞盡腦汁地花樣翻新，隔三岔五推出各種名詞、術語和口號。如果沒有幾條拿得出手的「理論」，簡直就不好意思在圈子裏混下去。像艾布拉姆斯這樣「不折騰」的理論家，憑什麼歷經大半個世紀聲名不墜？爲什麼時至今日，他的著作常讀常新，其影響依舊強勁？剛剛出版的《以文行事：艾布拉姆斯精選集》（譯林出版社）給出了答案。

當然，說艾布拉姆斯不愛折騰，並非指他不懂理論，也不是說他沒有自己的理論。他雖然謙虛地自稱「傳統主義者」，老派的讀者，卻是歐美文學批評家裏少見的理論高手。當年，他在傑作《鏡與燈：浪漫主義文論及其批評傳統》中，將林林總總的批評理論概括爲四大類，分別命名爲模仿說、實用說、表現說和客觀說，實際上就是對文學理論的一大綜合。《以文行事》的第一篇文章《批評理論的類型與取向》即是這一綜合的精要版。只要讀一下這篇文章就明白，這種理論綜合沒有淵博的學問和高遠的識見是不可能完成的。

艾布拉姆斯對理論的高度提煉與超強綜合，首先得益於他本人對文學批評史的全面把握。這讓他的視野非常開闊，運用材料往往信手拈來。從亞里斯多德到萊辛，從賀拉斯到詹森博士，從荷馬到T.S.艾略特，艾布拉姆斯一個都不放過。作爲一本跨度達三十年之久的選集，《以文行事》較爲全面地展示了老先生的歷史功力。

不過，要把西方文學理論的歷史脈絡梳理得簡明清晰，還需要作者具有定見。沒有一己之定見，所論所述必將雜草蔓生主次難分。在這方面，艾布拉姆斯的表現同樣優異。他清醒地意識到，文學批評不是一門自然科學，甚至連心理科學也算不上。任何出色的文學理論，無非是從事實出發，並以事實告終，在方法上是經驗主義的，從結果來看有效就行。《藝術理論化何用？》談論的就是這個問題。同時，他也意識到，批評理論總是在確定性與不確定性之間搖擺。好的理論，固然要看它在闡釋作品時是否準確，也要看它在面對不確定性時，能不能承認它，並給出令人信服的理由。

艾布拉姆斯的以上看法，說明他對文學理論持有一種實用主義與多元主義的立場。他認爲行之有效的理論不止一種，而是多種。每一種不同的理論，若能首尾一致地、合適地、相對充分地解釋一整套的審美現象，就稱得上好理論。不管白貓黑貓，能解釋現象就是好貓——這個立場揭示出艾布拉姆斯的又一特長，那就是優秀的對話能力。用他的話講，文學批評家們要尋找的答案，通常在你來我往的對話中展開（give-and-take）。最理想的批評應該是這樣的——當對方提出：「這是如何如何，對不對？」應對者則回答：「是的，不過……」

不要小覷艾布拉姆斯對理想批評方法的這一表述。在新潮洶湧解構橫行的時代，「對話」這種曾被柏拉圖譽爲最能接近眞理的方法幾度遭人拋棄。在那樣的情形下，老先生一直堅持對話的姿態，並能扛得出各種時髦理論的沖刷，最終水落石出屹然挺立，不得不讓人欽服。

閱讀《以文行事》，我大致找到了艾布拉姆斯的三項特長：理論素養、史學功夫與對話能力。我相信，讀者定然能從這部精選集中找到老先生更多的特長，並能從中學到一二，以此重新看待文學的世界。要知道，艾布拉姆斯不單相信批評家的作用，也相信普通讀者的能力。正如他說的那樣：「歸根結底，我們只能訴諸於我們的語言學敏感，因爲讀者也有同樣的敏感。」

16

被真話灼傷

● MOUNT INTO BOOKS
Mount into Books
Mount into Books
● MOUNT INTO BOOKS

Mount into Books mount into books mount into books
Mount into Books mount into books mount into books

有一次與苗煒喝茶聊天。他認爲《三聯生活周刊》最有趣的文章出自一個叫「一蟲」的作者寫的財經專欄。我很高興聽他這麼說，因爲「一蟲」是我多年的朋友，他的本名叫陳毅聰。最近，他那些有趣的財經文字集結出版了，書名叫《被牛市灼傷》。

一看到這個書名我就想笑，這恐怕不僅是陳毅聰的話，也是所有在牛市中撲騰繼而在熊市中掙扎的股民心聲。只不過，更爲確切地講，股民們是被熊市「凍傷」，而陳毅聰呢，才眞正是被牛市「灼傷」。

作爲證券行業的一員，我不敢說陳毅聰是唯一被牛市灼傷的人，但肯定是極少數之一。就像他自己在書中寫的那樣，按理說，狂飆突進的股市只會給證券從業者帶來好處，熱火朝天的大牛市也讓他多掙了不少錢，可是爲什麼他還是覺得心情失落，自尊心大受打擊呢？讀了此書，我發現陳毅聰受傷的原因只有一個，那就是他說了眞話。當股民的熱情高漲時，他告訴他們股市已經出現泡沫；當客戶讓他推薦個股時，他告訴人家，那些飛漲的是垃圾股，根本不值得買；當股民們尋找牛市權威時，他告訴讀者千萬別太信任股評家、理財顧問，甚至包括他在內的證券研究員，因爲這個行業泥沙俱下魚龍混雜……一年以前，他就以諸如《今日股瘋，明日股災》這類的文章呼籲人們在股市中要保持理性，然而非理性的市場卻打了他「幾大巴掌」，他不得不一邊堅持自己的理念，一邊向這個瘋狂的現實道歉——他不是被牛市灼傷，而是因爲說眞話而受傷。

其實，這不是陳毅聰第一次受傷了。早在五六年前，他就是《遠東經濟評論》的封面人物。那一年，他因爲發表了一篇分析某大集團公司經營狀況的文章而被對方起訴，一時間激起多方熱議。從那時起，他就因自己的眞話時常遭遇指責，也因爲眞話而被人稱爲國內最有良心的證券分析師。我想，《被牛市灼傷》帶給陳毅聰的究竟是什麼，依然是不易預測的。

不止是股市，陳毅聰也在其他與普通民衆利益攸關的領域發言。例如房產、理財，例如物價、工資等等。這時就不得不提及除了堅持理性與說眞話的原則外，陳毅聰寫作的另一個特點，那就是具有很強的指導性與實用性。對於我這類不炒股的人來說，恰恰是這些領域的話題更爲有趣。譬如本書的第二部分專門分析房產業，我讀得就很有感觸。《有關房價的技術性問題》、《商品房成本不難算》、《租金等於月供就是好投資嗎?》，只看這些文章的標題，就足以擊中人心。

可以這麼說，從整體上講，《被牛市灼傷》不是教讀者發財致富的秘笈（是否眞有這樣的書值得懷疑），而是教導人們運用經濟常識保護自己不受欺騙和詐的手冊。更何況陳毅聰無論在哪個領域，他都甘冒「受傷」的風險，堅持理性，堅持職業操守，堅持對大衆說眞話。這樣的人，這樣的書，當然値得推薦。

國家圖書館出版品預行編目資料

書卷山城 / 西閔著. —初版. — 臺北市 :
甯文創, 2016.02
336面 ; 14.8×21 公分
ISBN 978-986-87548-6-7 (平裝)

1.言論集

078 105000884

書卷山城
Mount into Books

出版人 | 陳念萱
作者 | 西閔
主編 | 陳秋玲
美編 | vision視覺藝術工作室
法律顧問 | 羅明通律師
出版者 | 甯文創事業有限公司 Email: ningfeifei9813@gmail.com

發行統籌 | 華品文創出版股份有限公司 地址：100台北市中正區重慶南路一段57號13樓之1
讀者服務專線：+886-2-2331-7103 (02)2331-8030 傳真：+886-2-2331-6735
Emai：service.ccpc@msa.hinet.net 部落格：http://blog.udn.com/CCPC

總經銷 | 大和書報圖書股份有限公司 地址：242新北市新莊區五工五路2號
電話：(02)8990-2588 傳真：(02)2299-7900

製版與印刷 | 卡樂彩色製版有限公司

2016年（民105）2月初版一刷
定價 | NT$380

ISBN 978-986-87548-6-7
Printed in Taiwan